恋愛の常識をくつがえす
最強の復縁法

Hiroko

WAVE出版

はじめに　離れた彼を取り戻したいあなたへ

押しても引いてもヨリが戻らなかったあの彼の気持ちを、もう一度あなたに向け、復縁できる方法があると言われたら、あなたはその方法を知りたいと思いませんか？
この本に書かれていることをきちんと行なえば、あなたが必死で連絡を取ろうとしても取れなかった彼と連絡が取れるようになり、会いたいと思っても会えなかった彼と会うチャンスが訪れます。

私は日々、相談者の声の波動にチャンネルを合わせて、メッセージを受け取り伝える電話鑑定をしながら、必要に応じて願いを成就するお手伝いをしています。相談者の悩みは多種多様で、相談者数は気がつけば優に一万件を超え、今もさらに増え続けています。

相談の内容は、やはり多いのが恋愛に関することです。なかでも「復縁」に関するものがかなり目立ちます。恋人になるのは簡単だとしても、やり直すことはそれほど難しいということでしょうか。

人の心はものではありません。壊れたら接着剤でくっつければいい、というように簡単には元に戻せませんよね。でも、本当に元に戻せないのかと言われれば、かならずしもそうではありません。簡単には戻りませんが、一度離れてしまった人の気持ちは、チャンスを引き寄せれば元に戻せることも少なくありません。

では、もう一度あの彼との縁を結ぶには、具体的に何をしたらいいのでしょうか？

その答えは、この本のなかにあります。

第1章では、あなたが本当の幸せを手に入れるためにもまず考えていただきたいこと、二度目の別れを経験しないためにも見つめ直すべきことについて書きました。

この本を手に取ってくださったあなたなら、もう気づかれているかもしれませんが、復縁は、決して簡単なことではありません。復縁するまではかなりの時間や月日もかかりますから、大切なあなたの時間や人生を棒に振ることのないよう、しっかり自分の気持ちと向き合っていただきたいのです。

自分の気持ちと向き合ったうえで、もしあなたがやっぱり……と復縁をやめることにしても、それはあなたにとって正しい選択です。あなたがどのような選択をしても、あなたが幸せになれるよう応援したいという私の気持ちは変わりません。

次の第2章、第3章では、実際の事例を基に復縁するうえでやってはいけないことや別れの原因に合わせた復縁方法を紹介しました。また、あなたがいくら彼のことが好きでも、復縁すべきではないと私が思う男性の特徴についても書いています。

もしあなたが復縁したいと思っている相手がそれらに当てはまるのなら、復縁を思い留めることも選択肢のひとつです。

第4章からは、他の復縁本にはなかなかない、スペシャルな復縁方法を紹介しています。この本では、その方法のことを「ワーク」と呼んでいます。

「ワーク」という言葉に初めて出会った方でもきちんと実践できるよう、基本からていねいに書いたつもりです。

「ワーク」に関する詳しいことは本文を読んでいただくとして、この「ワーク」を行なった方たちからは、「奇跡のような出来事が起こった」という報告を数え切れないほどたくさんいただいています。

ふつうに考えれば、再会することさえ困難だと思われていた二人が、「ワーク」を実践することで偶然再会できたり、無視されていたはずの相手と偶然会い、それを機にメールのやり取りができるようになったりと、ふつうではありえないことが次々に起きているのです。

言ってみれば、「ワーク」とは調味料のような存在です。

料理の素材は、あなたと彼です。あなたと彼の状況に合った調理方法（復縁法）が本書には書かれています。あなたはその手順どおりに調理を行ない、状況に応じて、調味料（ワーク）を使ってみてください。

改訂版である本書では、前回の本で好評だった「ワーク」を再び取り上げました。

また、より確実に復縁をかなえていただけるよう、前回記載できなかった「ワーク」が効果を発揮しない場合の対処方法も書き加えてあります。書いてあるとおりにやってみたけれど、実際にやると難しいと感じることってありますよね。「ワーク」をやってみて、不安になったり、進展がないと感じたりしたら、この対処方法を改めて読んでみてください。

ここで注意してもらいたいのは、「ワーク」という方法だけに頼らないでほしいということです。

第1章～第3章で紹介したことを参考にしつつ、日々の生活に積極的に「ワーク」を取り入れてください。そして、彼と絶対に復縁するという揺るぎない気持ちと、彼に対する愛情を持ち、自分なら絶対にやりとげられるという自信を失くさないことです。

復縁するまでのあいだ、あきらめたくはなくても途中で苦しくなってしまうこともあるかもしれません。そんなときは、彼と過ごした幸せな時間や、大好きだったあの彼の素敵な笑顔を思い出してください。

この本のとおりに実行すれば、離れてしまった彼の気持ちを取り戻すチャンスは、きっとあなたのもとに訪れてきます。

そのチャンスをつかむことも、手放すこともあなた次第です。

もう一度、あなたが心から愛している彼のとなりで幸せな時間を過ごすために、あなただけに見せた彼の素敵な笑顔を再び見るために、復縁という決してラクではない道を選んだあなたを、私はいつも応援しています。

1日も早く、あなたが心から幸せを実感する日が訪れますように。

Hiroko

恋愛の常識をくつがえす最強の復縁法／もくじ

ブックデザイン　加藤愛子（オフィスキントン）
本文イラスト　子安香里
本文ＤＴＰ　ＮＯＡＨ
編集協力　西田かおり
校正　鷗来堂

第1章

まずは心を整えて

私に寄せられる恋愛相談の数々

「このあいだのデートは、いつもと何ら変わった様子はありませんでした。それなのに、突然今日別れたいって言われてしまって……。彼は私のことが嫌いになってしまったのですか？　彼と今すぐやり直したいのですが……」

こんなふうに、恋愛でつまずき、切羽詰まった様子で電話をかけてくる方が毎日後をたちません。

「彼からのメールがだんだん少なくなってきて、不安です」

「最近、彼の態度が冷たくなってきていると思っていたら、私に隠れて彼は浮気をしていたんです」

などと恋する乙女の悩みは尽きません。

私はそれぞれの相談者の状況や気持ちに合わせてさまざまなアドバイスをします。

「〇〇まで連絡はやめたほうがいいですよ。そうすれば〇〇ごろには彼から連絡がきますから」

というように具体的に指示することもありますし、

「あなたには、あまりふさわしくない相手よ」

と、少し厳しいかもしれない言葉をかけることもあります。

大好きな彼のことを否定されたためか、涙声が電話越しに聞こえてくると、言ってしまったこちらも胸が痛みます。

しかし、よいことも悪いことも私は包み隠さずみなさんにお話しします。

それは、私のアドバイスどおりに実行された方たちから、喜びの声をたくさん聞いてき

たからです。私から厳しいことを言われてしょんぼりしていた方も、時間がたつと、

「あのときに、先生の言うとおりにしておいてよかった」

と、すっきりした声で報告をしてくれます。


「先生に相談してよかった」

「これでダメだったらあきらめようと思っていたのに信じられない」

「言われたとおりにしておけばよかった」


これらは全部、私のアドバイスを受けた方々からの感想です。

私のアドバイスを信じて必死にがんばった方、自分でがんばったけれど失敗してしまった方など結果はさまざまですが、成功した方たちからは「信じられない」といった連絡をたくさん受けています。


恋愛というのは、残念なことに、いい時間ばかりを味わうことはできません。

調子のいいときもあれば、悪いときだってあります。

自分にふさわしい相手を見つけられることもあれば、苦労させられる恋愛に自らはまっていくことだってあります。


恋愛の結果は二通りしかありません。

「別れる」か「別れない」かのどちらかですね。

そして、あなたが選んだ相手と、どちらの道へ進んでいくのかは、あなた自身が決められるものです。

「別れない」を選択し、うまくいっているうちは問題ありませんが、ときどき、「別れない」を選んだはずなのに「別れてしまった」方たちがいます。

あなたはきっと予想外の展開に、どうしたらいいのかわからなくなってしまうでしょう。

大好きな彼と別れ、まだ好きな気持ちが残っている場合、多くの方は相手との復縁を望みます。

復縁といっても、みなさんの状況はバラバラで、ついさっき別れたばかりの方、何十年も前の恋を取り戻したい方などさまざまです。

復縁をすることは、決して簡単ではありませんが、難しいことではありません。

たとえ別れてから何十年たっていても、彼の連絡先がわからなくなってしまっていても心配することはありません。実際、そのような状況をくつがえした方もいます。

復縁を成功させるのにいちばん必要なのは、「あなたの揺るぎない強い気持ち」です。

どれだけの時間が過ぎたとしても、ひとりの人を深く愛することができる人はそんなにも多くないのです。最初のうちはがんばっていても、その愛する気持ちを継続できる人はなかなかいません。

実のところ、復縁をするよりも新しい恋を見つけることのほうがはるかにやさしいからなのですが……。

それでも、あなたはさまざまな困難を乗り越える決心をしたのです。

私はその意気込みを聞いただけで、心からエールを送りたい気分になります。

今の状況を絶望的だと思いつめずに、私といっしょに大好きだった彼との復縁を再び手に入れましょう。

どうして復縁がしたいのですか？

さあ復縁するぞ、と息巻く前に、あなたに考えていただきたいことがあります。

それは、あなたが彼と復縁したい理由についてです。

私は、復縁をしたいと言って電話をかけてきた相談者に、「どうして彼と復縁がしたいのですか？」と聞くことがあります。

すると、言葉どおり、十人十色の答えが返ってきます。

ある人は「大好きだから」と言い、またある人は「振られたことがくやしいから」「経済力が魅力的だから」「相性が合わないのはわかるけれど、とにかくもう一度会ってケリをつけたいから」といった具合いです。

いろいろ話を聞くうち、別れた相手と復縁がしたい理由には、いくつかのパターンがあることに気がつきました。もちろんこれから述べることだけがすべてではありませんが、いくつか紹介したいと思います。

彼のことが大好きだから

「彼のことが大好き、他の人と付き合うなんて考えられない」

そう思って、この本を手に取った人もいるでしょう。

でも、あなたは彼のどんなところが好きなのでしょうか？

「毎日欠かさずメールをくれたところや、いつもおしゃれで賢いところ」

「（出会った当初は）とてもおしゃれで、となりを歩いていて気持ちがよかった」

「（付き合って半年ごろまでは）毎日連絡をくれてやさしかった」


いくつもあると思いますが、でも今あなたが思い浮かべているのは、付き合い出したころの彼の姿ではありませんか？


今の彼はどうでしょう？

人は誰でも変化していくものです。

それはあなたも例外ではありませんね。

変化した彼を受け入れ、愛していくことができるならば復縁をするのは大賛成です。しかし、あなたの理想どおりの彼でなければ愛せないのであれば、復縁は考え直したほうがよさそうです。

彼と結婚がしたかったから

お付き合いが順調で、自分の両親も彼のことを気に入っていた場合や、将来についてお互いに話をしていた場合でも、別れがきてしまうことってあります。うまくいっていただけにショックですよね。

こういう場合、復縁したい方はきまって「復縁すれば結婚できる」と考えていることが多いのですが、それは性急すぎます。

確かにあなたは彼と二人の将来について話をしたことがあったかもしれません。結婚に関する具体的な話まで出たかもしれません。

ですが、彼は結婚をあきらめ、別れることにしたのです。

そこを見失ってはいけませんよ。

あなたはまず、「結婚がしたい」のか、それとも「彼といたい」のか、自分はいったいどう思っているのかを冷静に考えてみることです。

「彼と結婚できるならうれしいけど、彼といられるなら結婚にこだわらない」くらいに考えておかないと、復縁してもおそらくうまくいかないでしょう。

裏切った彼に復讐《ふくしゅう》をしたいから

別れた直後は、いろんな気持ちが頭のなかを支配します。

今日は悲しいと思っていたかと思えば、明日はうらめしいと感じてしまうことも。

それだけでなく、

「そもそも、愛してると言っていたのはウソだったのかな？」

「ウソをつかれるくらいなら、初めから付き合わなければよかった」

などと、自暴自棄になってしまうこともあります。


そんな心境で思いついた復縁は少し危険です。

「私を振った彼と復縁をして、今度は私が彼を振ってやる」

と復讐心がわいてきていませんか？

人をうらんでも幸せになることはできません。誰かをうらめばうらむほど、あなたの表情はゆがみ、性格まで曲がってしまいます。

彼をうらむ気持ちが出てきてしまうこと自体は、いたってふつうの感覚です。

好きな気持ちが強いほど、「裏切られた」と感じます。

しかし、あなたを振った彼だって、あなたを「傷つけてしまって申しわけない」と思っているかもしれません。

彼をうらむ気持ちは、ある一定の期間が過ぎればすっかり消えてしまうでしょう。そのときに改めて、彼とやり直したいかと自分自身に聞いてみてください。純粋な気持ちで彼ともう一度やり直したいと思ったときに、復縁を考えましょう。

別れてから、彼の存在の大きさに気づいたから

彼と別れてから数カ月経過しても気持ちが変わらない方や、気になる人はできたけれど、やっぱり彼が忘れられないという方、いくら他の人と付き合ってみても、彼と付き合っていたころのほうが楽しくて忘れられないという方など、別れてから相手の存在の大きさに気がつく方もたくさんいます。

そう思ったときに思い出していただきたいのは、あなたが好きだった相手は、当時のままではない、ということです。

あなたの記憶は、当時の彼のままで終わっています。

復縁したからといって、昔のような気持ちを再び味わうことができるとは限りません。

そんな落とし穴にはまってしまう人は、実は結構います。

こんなことなら、復縁なんてしなきゃよかったとならないよう、よく考えてみてくださいね。

再会して、惚れ直したから

当時は復縁なんて考えられなかったけれど、時間がたって再会してみると以前よりもずっと素敵な男性に変身していることってあります。

「今の彼なら、やり直したい」

あなたが以前のお付き合いの延長ではなく、もう一度、新しい恋として、彼とのことを考えられるのであれば、復縁もいいかもしれません。実際そういう方も多いのです。

このように、一度彼のことは過去の思い出として、自分の気持ちをリセットできている方が、何かのきっかけで復縁したくなることはよくあります。

この場合、あまり時間をかけずに復縁を成功させることができることもあります。

本人の気持ちがリセットされていて、新しい恋愛をするという気持ちで彼を見つめることができれば、復縁の成功率は上がるからです。

ただし、復縁するには、以前別れた原因を突き止め、解決しておく必要があります。

その方法も第2章以降に書いてあるので、参考にしてください。

復縁はあなたの覚悟が必要です

ここまで読んでみて、あなたはどう思いましたか？

自分がなぜそこまでして彼との復縁にこだわりたいのか、その理由に気づけましたか？

いろいろ考えた末にやはり彼と復縁がしたいということなら、本気で復縁に取り組む前に私からあなたへはっきりと伝えておきたいことがあります。

それは、あなたが今、一生懸命ヨリを戻したいと願っている相手は、十中八九あなたの運命の相手ではないということです。

あなたにとってはショッキングなことかもしれませんが、もし仮に彼が運命の相手であれば、相手を疑うこともなく、相手の行動にイライラすることも、疑心暗鬼になることもほとんどありません。比較的安定的なお付き合いができ、お互いに一緒にいると安心できるのが運命の相手です。

もちろん途中で別れることなどありませんし、結婚までスムーズに事が運びます。相性が悪いのかと感じたり、不安定な関係になったりすることもありません。

ですから、少なくともあなたがこれから復縁したい、切れた縁をもう一度結びたいと考えている彼は、あなたの運命の相手ではないのです。復縁したい彼こそが運命の相手だと信じがたいかもしれませんが、あなたが本当の幸せをつかむためにも、多くの鑑定を通して得たこの事実を、あなたにはよく理解していただきたいのです。

そもそも、縁が一度切れた相手や愛想をつかされてしまった相手、嫌われてしまった相手と復縁を成就させたいと願うこと自体が、本来は不可能なことなのです。

一度別れたのですから、あなたは今かなりギリギリの状態です。

ふつうだったら無理なことをやり遂げたい、奇跡を起こしたいと言っている状態です。

でも、それでも奇跡を起こして彼の本命になりたいと思うのはなぜでしょうか。

運命の相手ではないとはっきりわかっていても、あきらめきれないのはどうしてでしょうか。


それは、あなたにこだわりがあるからだと私は思います。

もしかしたらあなたはもう、彼のことが好きではなく、彼に対して執着しているだけかもしれません。

別れた喪失感から前に進めなくなっていて、現状を変えるために彼をもう一度好きになろうとしているだけかもしれません。

まわりの幸せそうなカップルを見て、うらやましいと思っているだけかもしれません。

ここであえてこんなことを言う理由は、別れた相手とヨリを戻したいとおっしゃる方の多くが、実は心から彼のことを愛しているわけでなく、単に自分がスッキリしたいと思っているだけだとわかっているからです。

もちろん復縁を望むすべての方がそうだとは言いません。

なかにはかなり本気の方もいます。

でも、先ほども言いましたが、復縁はかなり大変な作業です。新しい恋を探すほうが、はるかに簡単です。

復縁するまでは時間もかかりますし、我慢も必要で、なにより孤独です。

もしあなたがここで、「そんなにつらいなら別に彼にこだわらなくてもいい」と思えるなら、大切な時間を無駄にしないためにも、新しい恋を探してほしいと思います。

でも、気持ちの切り替えがうまくできないからこそ、あなたは復縁して彼ともう一度やり直したいと考えたのですよね。

あなた自身が前に進むために、より幸せになるために復縁の作業が必要なんです。

個人的には、自分が前に進むために復縁をするのは賛成です。

せっかく復縁したにもかかわらず、結局相手のことがいやになってしまい、もう一度別れることになってもしかたのないことです。

ですが、復縁しようと考えた以上は、あなたにも彼に対して責任があります。中途半端な気持ちで、彼を振り回してしまうくらいなら、初めから復縁しないほうがいいんです。

復縁したい相手は運命の相手ではないと知り、それを読んでガッカリされた方も少なくないでしょう。でも、とても大事なことですし、勘違いが起こりがちなのであえて厳しいことだとわかりながらも書きました。

復縁したい相手は確かに運命の相手ではありません。

ですが、その相手と結婚できないかというと、それは違います。

私のところへは既婚者の方々からのご相談もありますが、10組中7組くらいは運命の相手ではない人と結婚されています。

運命の相手ではありませんから、なかには別れる方も少なくありません。

でも、運命的に合わない相手であっても、やはり好きだからずっと一緒にいたいと、これからこの本でもご紹介するワークなどを行ないながら関係を保ち続けている方もいます。

運命の相手ではない人と結ばれ、幸せになるためには、相手を振り向かせるための努力や、好きになってもらうための努力ができる限り必要です。

私の言うできる限りの努力とは、あなたが相手の好みの言動・態度をとったり、相手が嫌がることをしたりしないといった簡単なことです。

ちなみに、相手好みの言動・態度をとるというのは、相手の言いなりになるということとはちがいます。

言いなりになる必要はありませんが、何も考えず思うままに発言したり行動したりしては、相手との衝突が避けられません。

その窮屈さは、運命の相手ではないのですから、しかたのないことだとも言えます。

復縁はいいことばかりではありません。

復縁したいのなら、復縁を成就させるまではもちろん、その後に待ち受けるさまざまな困難も受けて立つくらいの覚悟が必要なんです。

それでも復縁をするのか、しないのか、どういう選択をするのかは、あなた次第です。

前向きな気持ちが復縁を成功させてくれる

さて、少々厳しいことも書きましたが、復縁したい理由がどうであれ、とにかく「本気」だという方は、不安な気持ちをおさえ、できる限り復縁を前向きにとらえるようにしてください。

復縁を相談される人は、「成功する人」と残念ながら「成功しない人」にわかれます。私の相談方法は、どなたにも共通なものですし、それぞれの状況がちがっていても、その人にピッタリなアドバイスをしています。

それなのにこのように結果に差が出てしまうのは、どういった理由からだと思いますか？

実は「気持ちの強さや前向き度」が大きくかかわっているのです。

復縁はいつまでも後ろ向きな人や、気持ちがあいまいな人にはあまり効果がありません。

たとえば、Ａさんは、別れた彼のことが忘れられず、復縁をしたいと私のところへ電話をかけてきました。

相談を終えた私は、Ａさんへいくつかのアドバイスをしました。

Ａさんは「今日からがんばります」と言って電話を切りました。

しかし、数カ月後、再び電話をかけてきたＡさんの声色はあきらかに以前のそれとはちがうものでした。

「どうしたのですか？」とたずねる私に、Ａさんは言いました。

「不安なんです。先生の言われたとおりにやっても、成果がなかったらどうしよう」と泣いてしまいました。


復縁を成功させるまでは、結果がとても気になるかと思います。

すぐに結果があらわれないと不安でしかたなくなってしまうかもしれません。

ですが、復縁を成功させるにはある程度時間が必要です。

目安にしかなりませんが、早い方でも3～6カ月はかかります。

そのあいだ、たとえ彼からの反応がなかったとしても、「絶対大丈夫」という強い気持ちで待たなければなりません。

さきほどのAさんは、「これで彼と復縁できる」と期待を胸に電話を切りました。

しかし、変化が起こるまでの時間を待つことができなかったのです。

結果を待つあいだが苦痛なものになってしまい、途中であきらめてしまったのです。

復縁でいちばん大切なのはあなたの気持ちです。

強く、前向きな気持ちを持つことを忘れてはいけません。

「もし失敗したらどうしよう」とか「私には無理かもしれない」などといった不安は、スッパリと断ち切ってしまいましょう。

どうしても不安を断ち切れないときは、自然に触れたり、スポーツをして汗を流したり、マッサージや岩盤浴へ行くのもいいでしょう。不安で悲しい状態のときには、呼吸が浅くなっています。意識して腹式呼吸を継続して日常生活に取り入れてみましょう。

また、この本では「元気になって魅力が高まるワーク」として自分自身でできる簡単なリラックス方法を紹介していきます。短時間で効果があるので、試してみてくださいね。

それともうひとつ、とっておきの方法があります。イライラしたときに役立つ、短時間でできる簡単なおまじないです。

まず、白い紙とボールペンを用意してください。

用意ができたら、夜中（丑三《うしみ》つ時＝午前2時半ごろ）にその白い紙に向かって、あなたの心のなかのありとあらゆる感情を書き出しましょう。

書き方などに特にきまりはありませんから、好きなように書いてください。彼に対する怒りの気持ちや、悲しい気持ち、くやしい気持ちなど自由に書き出してください。書き終わった紙は、自分の手でこまかく引きちぎり、台所の三角コーナーのなかで燃やし、生ごみとして処分します。トイレには決して流さないこと。

簡単な方法ですが、ネガティブな感情を吹き飛ばす効果があります。気がすむまで何回でも行なってかまいません。ただし、このおまじないをする際には火を扱いますから、火の始末には十分注意してください。

第2章

どうしたら彼とやり直せるか？

復縁までの流れ

私が数多くの復縁をお手伝いしてきたなかで見えてきた、復縁を成功させるまでの手順は次のようなものです。

彼との距離を置く
↓
別れの原因を突き止める
↓
復縁にふさわしい相手か見極める

←彼と会うための準備、ワークの実行を始める

←より魅力的になったあなたを見せて、彼にまた好きになってもらう

←彼からの愛の告白を受ける

←復縁を成功させる

という流れです。

復縁までのイメージをつかむことができたでしょうか。

ではさっそく、復縁するための具体的な方法や、あなたが取るべき行動をお伝えしていきます。

まずは、復縁を進めていくにあたって、あなたに守ってもらいたい5つのルールを紹介します。どれも復縁を成功させるために必要なルールです。順番に説明をしていくので、よく読んで理解してくださいね。

ルール1　彼との距離を置く

別れた後、しばらくのあいだは彼と連絡を取ろうとしないでください。

メールや電話など考えられるものすべてです。

少しくらいならいいだろうと思ってメールを送ってしまう人もいますが、よくありません。そのようなことをしても、かえって自分を傷つける結果になってしまう人がほとんどです。

もし送ったとしても、返事がないか、もしくは義理で返事がある程度です。

返事があったとしても、それは彼がやり直したいからではなく、別れを切り出してしまい、あなたを傷つけて悪いなという同情心からの行動である場合がほとんどです。

絶対ではありませんが、距離を置く期間の目安は長めにみて4〜6カ月くらいです。

そのあいだは連絡を取らないほうがいいでしょう。

距離を置いているあいだは、彼の目に以前よりも魅力的にうつるように、いろいろなことに挑戦してみてください。

これまで興味はあったけれど、時間がなくてできなかったことがあれば、今がそのチャンスのときです。

自分の世界を広げるつもりで、取り組みましょう。

もちろん同時に、この後紹介するワークも日々積極的に行なってください。

趣味の時間や旅行に出かける時間を取りながら、自分自身と向き合ってみてください。

傷ついてしまった自分を大切に、いたわってあげる時間にしてください。

今まで知らなかった自分に出会えるかもしれません。

ルール2　あせらない

一刻も早く、彼との幸せな時間を取り戻したくなる気持ちはよくわかります。

街中で幸せそうなカップルを見かけたりしたときには、あせる気持ちでいっぱいになってしまうでしょう。

それでも、あせらず時期を待ってください。

もしもあなたが、あせって変な時期に彼に連絡をしてしまったりすると、そこでまた、振り出しです。

あせっても何もいいことはありません。

落ち着いて、ワークを続けながら心を余裕のある状態にしておきましょう。

ルール3　ポジティブになる

復縁を成功させるまでのあいだ、何度も不安になってしまうことがあるでしょう。自信をなくしてしまったり、つらかったときのことを思い出して、再び涙を流してしまうこともあるかもしれません。

しかし、それでは状況は悪化するばかり。

早く元気を取り戻し、復縁に前向きにならないことには、なかなか実現できません。

ネガティブな気持ちが出てきたら、自分を癒《いや》してあげましょう。

美容院に行って雰囲気を変えてみたり、お花を部屋に飾ってみたり、自然に触れたりしてみてください。

ネガティブな気分になってしまったら、そのまま放っておかずに自分自身をいたわってあげましょう。

ネガティブに考える時間をワークにあてるのは言うまでもありません。

ルール4　自分の立場をわきまえる

これは少し厳しいですが、とても大切なことです。

復縁を希望している相談者に多い失敗とは、いったい何だと思いますか？

それは、別れたにもかかわらず、気持ちが「彼女」のままでいることです。

「あなたの好きな○○、つくってきたよ」

「季節の変わり目にはよく風邪をひくから、薬買ってきておいたよ」

などと、世話を焼いてしまう人がいます。

ついこのあいだまであなたは彼の彼女だったわけですし、そうしたくなる気持ちもわからなくはありません。

ですが、それはあなたの勝手な行動です。

彼からしてみれば、別れを伝えて了解を得たにもかかわらず、いつまでも彼女のように振る舞うあなたに対していい印象は持ちません。

むしろ、話のわからない女、場合によってはストーカーじみている女呼ばわりされて、あなた自身の評価が落ちてしまいかねませんので要注意です。

彼のことが気になってしまっても、今は我慢のときです。

そもそも、しばらくは彼への連絡は厳禁だとお伝えしたのですから、しっかり守っていただきたいと思います。

気持ちが落ち着かないときこそ深呼吸をしてワークにいそしんでください。

ルール5　争わない（彼に新しい彼女ができている場合）

彼に新しい彼女ができてしまっている場合、すぐにあなたのもとに戻ってくるのは少し難しいかもしれません。

この場合は、復縁のタイミングをよく見計らうのも大切ですが、いくつかポイントがあります。

まず、相手の女性についてあれこれ聞かないことです。

いろいろな気持ちが入り混じり、胸もはりさけるように痛んだり、夜もなかなか眠れないかもしれません。

それでも、相手の女性については詮索《せんさく》しないようにしましょう。

彼もあなたに対して悪いと思っているので、あえて話すことはない場合が大半です。


次に、しおらしい女性でいることです。新しい彼女ができたと聞かされたら、

「あなたが幸せなら」

などと、しおらしく伝えましょう。

別に本心でそう思う必要はないのですよ。彼にいい印象を与えるためです。それが言えたら、

「でも、お誕生日のメールくらいはしてもいい？」

と聞いてみましょう。

おそらく、彼は「いいよ」と言ってくれるはずです。

今はくやしい気持ちでいっぱいのあなたですが、聖母マリアになったつもりで演じてみ

てください。

相手の笑っている回数をカウントできるくらいの余裕があれば完璧です。

やさしいあなたに気を許して、もしかしたら、彼が彼女のグチを言ってくるかもしれません。

ここぞとばかりに、彼の悪口に同調してしまいそうです。

でも、あなたはこう言うのです。

「そんなこと言わないで。彼女が悲しむわよ」

と、相手の彼女を思いやるような振る舞いを心がけてください。

本心ではそんなことは思えないかもしれませんが、相手のことを気づかえる女性だということを彼にアピールするチャンスだと思って開き直りましょう。

あなたのやさしさに触れ、彼はあなたを振ってしまったことを悪く思い、そしてあらためてあなたを見直してくれますよ。

彼女のグチを聞くような関係になれれば逆にチャンスだということです。

また、相手の女性に対してうらみの気持ちはいっさい捨て去りましょう。

「彼よりも、もっと彼女に見合う素敵な男性が彼女の前にあらわれますように」と相手の幸せを願うような形で念じておきましょう。

相手の女性を蹴落として自分だけが幸せになるということはありえません。

くやしい思いはしまっておいて、相手の女性と自分の幸せを願ってください。

最初は複雑な気持ちのはず。

「なんでこんなこと、やらなければならないの」

とみじめな思いをするかもしれませんが、やり続けることで本当に心の底から相手の女性の幸せを願えるようになってきます。

そうすると、不思議といろいろなことが前に進み出すのです。

もちろんこのような状況下でも、彼との復縁ワークは同時進行で継続してください。目に見えないところから変化は起き始めてきます。

別れには原因がある

彼とのラブラブだった時間を取り戻すためには、考えなくてはならないことがあります。別れてしまったからには、かならずどこかに原因が隠れているはずだからです。復活させた縁を、二度と離れることのない縁にするには、別れの原因を客観的に受け止めることが大切です。あなたにはその原因がわかりますか？

別れた原因を探るには、まずはあなたが客観的になることです。

人はどうしても、自分のことを冷静に見つめることが苦手です。失敗したとわかっていても、なかなか認めることができませんよね。

また、自分では大丈夫だと思っていても、相手の立場になってみると相手を困らせていたということだってありえます。

そこで、相談者に多い「別れのパターン」を次にまとめてみました。

付き合っていたころの彼の言葉や様子を思い出したり、自分自身の行動と照らし合わせてみてください。

当てはまるものがないかどうかを確認し、万が一、自分にあてはまるものがあれば真摯《しんし》に受け止めましょう。

思い起こしているうちに、悲しくてやめたくなってしまうかもしれません。

しかし、あなたの大切な人と過ごした幸せいっぱいの時間をもう一度取り戻すためです。つらい思い出かもしれませんが、目をそむけずに勇気を出して向き合ってみてください。

ケース1「彼から別れを切り出された場合」

相手のほうから別れ話を持ちかけられた場合に多いパターンです。

自分に当てはまっているかどうか、客観的に振り返ってみましょう。

彼のスマホをチェックした

「私と会っていないとき、何をしているんだろう」

「最近様子がおかしいけど、もしかして浮気？」

などと気になることってありますよね。

そんなとき、あなたはどのような行動を取りますか？

気になるけれど何もしない人もいれば、気になってしかたがなくなり、彼のスマホを見てしまう人もいます。

あなたはどちらの行動を選びますか？

実は、彼のスマホや手帳の中身を見てしまったことが彼にバレてしまい、別れを切り出されてしまうケースは、とても多くみられます。

彼のすべてを知っておきたいという気持ちがおさえきれず、そのような行動に出てしまったのかもしれません。ですが、彼からすれば、常にあなたに監視されているようで、身動きが取れなくなってしまうのです。

また、自分のことが信用されていないと感じ、今後、付き合っていく自信がなくなってしまう場合もあります。

もしも、あなたの行動を彼が常に監視していたとしたらどうですか？

教えてもいないあなたの予定を、彼がいつのまにか知っていたら、どうですか？

あなたは窮屈に感じてしまい、そこから逃れようとしませんか？


彼のことが気になってしかたないのはわかります。

人を好きになると、その人のことなら何でも知りたくなってしまうものですから。それでも、あなたの取った行動は「恋のマナー違反」です。

彼だって、ひとりでゆっくりしたい時間がほしいのです。

誰にも邪魔されずに、自由気ままに行動したいときがあります。

彼の行動がどんなにあやしいものであっても、あなたにできることは黙って様子をみることだけです。

本当に存在するかどうかもわからない浮気相手を気にするよりも、魅力的な自分でいることに集中し、時間を使ったほうがよっぽど有意義です。

「彼のスマホのなかには真実がある」などと名言（？）を放ち、彼のスマホをチェックし続けたご相談者のひとりは、ワークをし続けても元カレとは復縁できませんでした。

あなたの連絡が重たくなった

「おはよう」のメールに始まり、「おやすみ」のメールまで、一日のうちに何通も彼にメールを送ったり、返信がないといっては彼に電話をかけていませんでしたか？

たまには、チャットのように連絡を取り合うときがあってもいいとは思います。

でも、毎日その繰り返しでは相手はヘトヘトになってしまいますよ。

好きな人からの連絡が少なくなると、不安になってしまう気持ちはわかります。

「私のこと、前よりも好きじゃなくなったのかな」

などと考えてしまうかもしれません。

それは誰しもが持ち合わせている感情で、あなただけではありません。

ですが、あなたにはもう少し我慢が必要だったのかもしれませんよ。

このように言うと、

「私はどれだけ忙しくても毎日きちんと連絡できるのに」

と、反論する女性がたくさんいます。

確かにあなたは彼に対してマメに連絡をしていたかもしれません。

だから、自分がしていることと同じことを彼に求めてしまったのかもしれません。


ところが、男女ではこの辺の感覚にちがいがあるのです。

女性はたくさんのことを一度に考えたり、実行するのが得意な生き物です。

しかし、残念ながら、男性はそうではありません。

たとえば、男性は仕事で大きなプロジェクトを抱えていて、忙しい毎日を送っている場合など、帰宅してからもなかなか頭が仕事モードから切り替わりません。

あなたのことを大切に思う気持ちの大きさと、連絡の回数は比例しません。

自分のすべてを見せすぎた

好きな人には、自分のことをもっと知ってもらいたいですよね。

お互いのことを深く理解し合うことは、とても重要なことですし、素敵なことです。

でも、だからといって毎日のこまかすぎる出来事や、あなたのまわりの人のことまで、彼に話してしまっていませんでしたか？

好きな人のことは何でも知りたいと思うのはごく自然なことです。

彼もきっとあなたと同じ気持ちだったと思います。

しかし、彼が知りたいのはあなた自身のことであり、それ以外のこまかいことはどちらでもいいのです。


男性は好奇心の強い生き物です。

気になることには興味津々なのですが、一度好奇心が満たされてしまうと満足してしまいます。

あなたが、彼に情報を与えすぎてしまったことで、彼にもう知りたいことはないなと感じさせてしまったのです。

「もうお腹いっぱい」とあなたの情報で満腹になってしまった彼は、次の新しい情報を求めて旅立ってしまいます。

私が相談を受けていて、うまく男性をひきつけているなと感じる女性にはある傾向があります。

それは、自分のすべてをさらけ出したりせずに、自分のなかの一部だけを相手に見せるのです。全体の40パーセントくらいでちょうどいいのではないでしょうか。

「あいつ、俺といないときは何をしているんだろう」

などと、彼に思わせるようにしてください。

男性は、手が届きそうで届かないことが気になってしかたない生き物ですから、あなた自身の情報は要点だけをかいつまんで話し、彼の話を一生懸命に聞いてあげることに力をそそぐほうが、男性からは好まれますよ。

完璧な自分をアピールしすぎた

彼　「今日、部長に○○のことで怒られちゃったよ」
あなた「え？　ダメじゃない！　もっと○○しないと」
彼　「あー……まぁ、そうなんだけど」
あなた「私は○○したほうがいいと思うな。私は、今度○○を任されることになったよ」
彼　「………」

このような会話に心当たりはありませんか？

会社のなかでは、男女の区別なく仕事を与えられますね。

きっとあなたは、期待にこたえようと毎日がんばっていることでしょう。

そのがんばりはとても素晴らしいことで、これからもどんどんがんばってもらいたいと思います。

ただし、あなたの仕事ぶりが優秀だったとしても、そのことを恋愛でアピールするのはあまりオススメできません。

最初は仕事でがんばるあなたを応援してくれていたかもしれませんが、あなたが仕事で成功すればするほど男性は嫉妬《しっと》してしまうのです。

彼は、あなたのことを応援したくないわけではないのですが……。

あなたに負けてしまっているようで、くやしいのです。

男性は、何か役割を与えてもらいたがる傾向にあります。

あなたが優秀すぎると、自分の出る幕はないと自信をなくしてしまうのです。

少々苦手なことがあったり、ドジな姿を見せたほうが、

「こいつには俺がいないとダメだ」

と感じさせることができます。

そういった、どこか放っておけない女性からは、不思議と男性が離れていかないのです。

「なんだ、こんなこともできないのか」

とか、

「俺がいないと何もできないじゃないか」

などと文句を言いながらも、自分の役割を見つけた男性は、うれしそうに女性のそばから離れようとしません。

彼に尽くしすぎてしまった

特に母性の強い人は、何から何まで男性の世話を焼いてしまっています。

彼女というよりは、どこかお母さんのような存在になっています。

あなたは彼のためを思って尽くしているのかもしれませんが、尽くすことだけが愛情だと勘違いしていませんか。

実際彼は、そこまで望んでいないかもしれません。

最初はあなたがやさしくしてくれて、世話を焼いてくれることを彼もうれしく思っていたでしょう。

でも悲しいことに、慣れると当たり前だと感じるようになるのです。

特に頼まれてもいないのに、自ら進んで世話を焼くのは、あきられるまでの時間を自ら短くしているようなものです。

また、いつでも準備万端のイエスマンでもいけません。

コンビニのように、望んだときにいつでも手に入るような人では、おもしろみもありがたみも感じなくなってしまうからです。

ケース2「あなたが別れを切り出した場合」

自分から相手と別れたのであれば、なぜ自分がそのような行動を取ったのか、もう一度見つめ直してみましょう。

彼の気持ちを、つい試してしまった

復縁の相談でかなり多いのが、自分から別れを切り出したことを後悔しているという内容です。

驚くことに彼がどのくらい自分のことを好きなのか、確認するためだけに、そのたびに

別れを切り出してしまったというのです。

彼がすぐに連絡をくれないことに怒りを感じ、彼からの連絡を着信拒否にしてしまったという、呆れてしまうような相談をいただくこともあります。

このような別れ方をしてしまった人には、私は少しだけお説教をすることにしています。どうしてお説教をする必要があるかというと、相手の気持ちを試すような行為をしていることに、本人はまったく気がついていないことが多いからです。

たとえば、あなたが彼からなんの前触れもなく、

「最近、前よりも連絡が遅いけど、面倒くさいならもう別れよう」

なんて言われてしまったらどうでしょう？

急にそんなことを言われてびっくりしませんか？

そして、全然そんなふうに思っていないのにもかかわらず、一方的に別れを告げられて、とてもイラつきませんか？

「不満があったなら、言ってくれればいいのに」

と思いませんか？

腹立たしい気持ちと、振られてしまったせつなさや、悲しさといっしょに、信頼されていなかったと感じて、むなしさまで押し寄せてきます。

あなたに一方的に別れを告げられた彼は、きっとこんな気持ちだったにちがいありません。付き合いはじめの男性は、たいていマメです。毎日かかさず連絡をくれたり、常に好意を示してくれます。

しかし、実はそれは彼ががんばりすぎている状態なのです。常にがんばりすぎていると、次第に自分が疲れてきますから、男性は少しずつ本来の自分の姿へ戻ろうとします。

そして急に彼からの連絡が少なくなってくると、女性は不安になります。

「前はもっと連絡をしてくれたのに」

「他に好きな人ができたのかな」

などと、自分で不安な気持ちを大きくしてしまいます。不安な毎日を過ごした結果、とうとう我慢ができなくなり……。

「○○までに連絡をくれなかったら、もう別れるから！」

と、爆発してしまうのです。

でも、相手の気持ちを試すことは、とても危険な行為です。

このように相手を試して、うまくいくケースはきわめて稀《まれ》です。

ただこのような場合、復縁は絶望的かというとそうでもありません。

実は彼女が怒っていることにおびえているだけで、好きな気持ちを残している男性も少なくありません。

連絡をすれば、また責められてしまうのではないかと、あなたのことを怖がっているだけなのです。

ですから、彼が自分のことをどのように思っているのか、本当に好きなのかなどと確かめたいというだけならば、正直に彼に直接聞いてみるのがいいでしょう。

ただし、接し方には要注意。くれぐれも慎重に動いてくださいね。

あなたに気になる人ができて、勢いで別れてしまった

少しだけ自分勝手な理由な気もしますが、こういった相談も多くなってきています。

となりの芝生が青く見えてしまったのか、新しい彼とうまくいくだろうと思って別れたものの、やっぱり元の彼のほうが自分に合っていたのでは？　と気がつく場合もあります。

だからといって、一度別れてしまった以上は、気軽に元に戻れません。

彼も突然あなたから別れを切り出されてしまい、ショックを受けたはず。ですから、あなたから「まだ好き」と聞かされても、そう簡単にあなたの言うことを受け入れられないでしょう。

少なくとも、一度彼を傷つけてしまったことに対して、あなたは十分に反省しなければなりません。

自分の行動を見直しましょう

復縁を望むすべての方に当てはまるわけではありませんが、恋人だった相手に縁を切られてしまう方は、他の人間関係でも似たような経験がないかを一度、思い出してみてください。

職場の同僚や仕事関係の人、趣味の仲間や学生時代の友人から、急に距離を取られたり連絡しても無視されたりしたという経験はありませんか？

彼以外にもそういうことが起こるようなら、あなた自身に欠点がないか向き合ってみましょう。

どうしていつも私ばかり？　と思う前に、相手が嫌がるようなこと、相手が避けたくなるようなことをしてしまっていないか、自分自身の行動を洗い出していけば、きっと問題が見つかります。

実は私のもとへ相談に来られる方のなかにも、ときどきこのようなケースに該当する方がいらっしゃいます。自分の都合の悪い話になったとたん、急に怒り出したり、突然電話をブツッと切ったりするのです。

時間がたつと、冷静になったのか「先ほどはすみませんでした」とあやまりの電話やメールが入ることがありますが、そういう態度は相手が誰であろうとよくないことです。もしこれをされたのが、彼や友人だったらどうでしょう?

もめないように、きっと静かに距離を置き出し、そのままフェードアウトするのではないでしょうか。私は、そうしたくなる方の気持ちがよくわかります。

自分自身の行動を振り返って、自分のよくなかった行動に気づけても、すでに彼に対してやってしまった過去のことを、なかったことにはできません。気づけたところで、状況がすぐに変わるわけではありませんが、自分の欠点に気づけて改善できていれば、復縁した後の彼との関係はきっと前よりもよいものになるはずです。彼だけでなく、他の人間関係のトラブルも改善していくかもしれません。

子どものころは、自分によくないところがあれば親や先生がきちんと叱ってくれました。しかし、もうあなたは大人。

大人になれば、わざわざいやな役を買ってまでもあなたの欠点を指摘してくれる人など出てきません。

だからこそ、自分では気づけないまま人間関係をこじらせ続けてしまうんです。

誰も叱ってくれない、というのは皆同じです。ですから、何かおかしいと思ったら、自分で気づけるようにならないといけないのです。

彼と別れ、復縁することで、そういう大事なことにも気づけたのなら、彼との別れだって、決して無駄なことではないのかもしれません。

ケース3
「相手が付き合っていると認識していなかった」

「飲み会で知り合って連絡を取り続けていたけれど、急に連絡がなくなった」

「一線を越えた関係になったのに、全然会ってもらえない」

などという相談もあります。

彼のことを見てみると、彼のなかではあなたと付き合っていると思っていない場合があります。

あなたと彼の認識にちがいが生じているのです。

どうしてこのようなちがいが生じてしまったのでしょうか？

話を詳しく聞いてみると、次のような状況です。

飲み会でとなりの席に座った男性にひとめぼれをした彼女は、がんばってアプローチに成功し、彼の連絡先をゲットすることができました。

それからお互いに連絡を取り合い、とうとうデートの日を迎えます。

飲み会のときよりも話ははずみ、いい雰囲気になりました。

終電間際に彼がひとこと、

「このままいっしょにいない？」

と言ってきたので、彼女はうなずき彼と結ばれました。


しかし、問題はその後からです。

彼からの連絡がとたんに減り始め、とうとう連絡が取れなくなってしまいました。

「付き合ったばかりなのに、どうして？」

と夜も眠れないほど悩んでしまっています。

この場合、彼女のほうにもいくつか問題はあるのですが、いちばんの問題点は、「付き合おう」という言葉が欠けていたことです。

告白は、彼でもあなたでもかまいませんが、二人のあいだで「付き合おう」という話をしましたか？

最近は、告白をしないカップルも増えているようですが、それでは男性の逃げ道をつくってしまうだけ。私はあまり賛成できません。

たとえ、その場の流れで身体の関係になってしまっても、はっきりとした約束が交わされない限り、あなたは遊び相手のひとりにカウントされてしまいますよ。

連絡を取り合っているとか、身体の関係があるという理由だけで付き合っていると判断をせずに、きちんと実際に約束を交わさなければいけません。

別れた彼をもう一度見極めて

今のあなたは、予想もしていなかった彼との別れのせいで毎日つらくて、泣いて過ごしているかもしれません。早く幸せを取り戻したくて、真っ先に思いつくのが「復縁」です。

「早く彼と復縁したい！」

そんな思いでいっぱいかもしれません。
先ほど第1章では、復縁することの難しさや必要な覚悟についてお伝えしましたが、ここで改めて少し立ち止まって考えてみてほしいのです。

もしも彼との復縁が成功して再び付き合い始めたあなたは、本当に幸せですか？

私は、復縁したいと言う人にかならずこのように質問していますが、決していじわるで聞いているわけではありません。

なぜなら、今回別れた原因は、復縁したとしても再びやってきます。復縁するとはマイナスの状態からゼロに戻るということなのです。一度失敗したことは、それを乗り越えるまで何度も何度も向き合わなければなりません。そうなったとき、あなたと彼は、その困難を乗り越えることができますか？

彼はきちんとあなたと向き合って、付き合い続けてくれそうですか？

そのことをきちんと見極めてもらいたいのです。

別れた直後は、誰しもが悲しみに包まれます。悲しみのあまり、彼と付き合っていたときの喜びが、より輝いて見えてしまうため、復縁に走ってしまう方もいます。ですから、次は失敗で終わらせないためにも、あなたにはきちんと考えてもらいたいと思っています。

もしかしたら本当は、別れるべくして別れた相手だったのかもしれません。復縁をしても、もしかしたらあの人はあなたを不幸にさせる相手かもしれません。

今、別れてしまっているこの状態は、あなたにとってアンラッキーなことばかりではありません。もう一度、あなたにとって本当に必要としている人を再認識したり、彼が本当にあなたにふさわしい相手なのかを見極めるチャンスでもあるのです。

それでは、私から見て、やり直すべきではない相手を次に挙げますので、彼が当てはまっていないかを確認してください。

もし当てはまっていたら、よく考えましょう。なかには社会性のない、または乏しい男性の例も挙げています。こういった男性は後にあなたを不幸せにするだけなのでやめたほうが賢明です。

あなたを心から理解しようとしていましたか？

男性とちがって生理周期を持つ女性の身体は、男性が考えているよりもはるかにデリケートです。天候や月の満ち欠けによって、気分や体調も左右されますよね。

みなさんのなかには、一カ月のうちに気分がよくなったり、悪くなったりと自分でも説明ができないような変化に苦しんでいる方も多いのではないでしょうか。

男性には、生理痛の痛みはわかってもらえませんし、そういったときのセックスがどれほどつらいものかも理解しがたいでしょう。

たとえば、あなたが体調をくずしているときに彼がやさしく接してくれたりすると、とてもうれしく思いますよね。

その反対に、自分の欲求を満たすことだけしか考えておらず、相手の体調の善し悪《あ》しなんて関係ないという態度の男性や、体調をくずしていても、まったく心配してくれないような相手だったら、少し考え直してみてください。

生理になっているなら、今回は会うのはやめようなどと言う相手もいかがなものでしょう。

復縁が成功しても、彼が肉体関係を優先するような、思いやりに欠ける人だとしたら、あなたはこれから先も、ひとりでいろいろな我慢をし続けなくてはなりません。

女性は男性にとって、都合のいい道具ではありません。

あなたが体調をくずしているためにセックスを断ったとき、怒り出してしまったり文句を言ったりする男性は、あなたのことを本当に大切にしているとは言えません。

大切な自分自身を守るためにも、そういった男性とは、さっさと縁を切ってしまいましょう。

あなたの話に真剣に向き合っていましたか？

彼は、二人のあいだに何か問題が起こったときや、今回のように別れるとき、自分の意見だけを述べて、あなたの意見を聞き入れてくれないという男性ではありませんでしたか？

もしも彼がそのような男性だったのなら、考え直してみてください。

自分勝手であなたを振り回すような男性との復縁は、オススメできません。なぜなら、他人同士である二人が長いあいだいっしょにいるとなると、この先いくつもの問題にぶつかるはずだからです。

もともとあなたと彼は他人同士。ですから、意見や習慣などさまざまなところでちがいが出てくるのは当たり前のことです。そして、その違いに反発したり同意したりを繰り返して、絆は深まっていくものです。

にもかかわらず、ちょっと何かが気に入らないからといって別れを切り出してみたり、抱えている問題に対して向き合おうとせず、すぐに逃げ出したりするような男性は、過去にも同じことを繰り返している可能性が高いでしょう。

「もう知らない」
「あとはお前に任せた」
「うるさい、しつこい」
「もう全部やめだ！」

このようなセリフが口グセになっていた彼には要注意ですよ。

たいした努力もせずに、すぐにポイっと問題を投げ出してしまうような人は、恋愛だけでなく、仕事にもこういった傾向が出ているかもしれません。精神的に不安定な人を相手にしてしまうと、あなたまで巻き込まれて、あなたの運気は下がっていくばかりです。

今後の自分のためにもここで気持ちを切り替え、もっとあなたとしっかり向き合ってくれるような誠実な男性を探したほうがよいのではないでしょうか。

「○○の言っていることもわかるけど、俺は××だと思う」

などと、冷静に話し合いができるような人を選びましょう。

あなたをバカにしてはいませんでしたか？

たとえば、あなたが彼に対して何かお願いごとをしたとき、彼は素直に応じてくれましたか？

「なんで俺が？」

などと不満を口にしたり、逆ギレしてしまうとか……。

「女のくせに」

などと小言を言ったりしていませんでしたか？

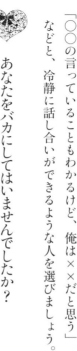

また、あなたが仕事や勉強に対して努力している様子を認めてくれなかったり、

「たいしたことない」

などと言って相手にしてくれないという様子はありませんでしたか？

残念ながらそういった男性は自分のプライドだけが高く、女性を見下す傾向にあります。

こういったワンマンな傾向のある男性は、女性が常に自分をおだて、自分の望むタイミングで物事を行なわないと気に入らないのです。

暴力を振るわれてはいなくても、あなたが傷つくような暴言をわざと言ったりすることもあります。一般的にはこのような言動をモラル・ハラスメントと言いますが、精神的な暴力や嫌がらせは、女性の自尊心を奪います。

実際に、彼から強い口調で命令されてばかりで、すっかり自信と輝きをなくしてしまった女性がたくさんいます。

そのような人は、いつも下を向いていて、何かにおびえているようです。いつも人の顔色をうかがって、なかなか自分の意見を満足に伝えることもできなくなってしまっています。

好きな人の命令に逆らうのは、勇気がいることかもしれません。嫌われたくないという思いから、ついつい男性の言いなりになってしまう女性が少なくありません。

自尊心が低下してしまうと、彼の前では常にビクビクしていなければなりませんし、なによりあなたの楽しいはずの人生が台なしです。


モラル・ハラスメントを平気で行なう彼らは、自分よりも優秀な女性を認めることができません。女性は男性よりも弱く、男性の言うことを聞くものだという考えが根底にはあります。ですから小間使いのように女性を扱いがちです。女性をバカにすることで自分のアイデンティティを確認したつもりになっているのかもしれません。

あなたは、彼の小間使いなどではありませんし、男性からやさしく愛されるべきです。

これをきっかけに、彼と離れることを考えてみてはいかがでしょうか？

あなたには、もっとあなたの存在を大切にしてくれるパートナーがきっと見つかるはずですよ。

過去に暴力を振るわれたことはありませんか？

ＤＶ（ドメスティック・バイオレンス＝家庭内暴力）は、以前は夫婦間や親子間で起こる暴力のことを指すことが多かったのですが、最近ではデートＤＶといって恋人間で起こる暴力についても問題になっています。

最近では、マスコミでも大きく取り上げられることも多く、比較的身近な問題です。

「ＤＶなんて大げさ」

「彼に限ってそんなことはありえない」

と思っているでしょう。

でも、被害にあわれている女性の多くが、あなたと同じようなことを思っていたのです。

ＤＶを繰り返す人をあなたひとりの力だけで治すことはなかなかできません。暴力を振るっている側が、自分で「これではよくない」と気がつき、初めて改善へのスタートを切ることができるのです。

何か問題が発生するたびに暴力で解決しようとされたのでは、あなたの身体がもちません。DVのパートナーとなかなか別れる決心がつかずに、心身ともにボロボロになってしまった人はたくさんいます。どんな理由があろうとも、暴力を用いるのは最低なことです。いちばんしてはいけないことなのです。

DVの加害者はふだんは温厚だったり、あなたに対してすごくやさしくしてくれる部分を持っている人もいます。まさにアメとムチを使いわけているのですが、そのせいか、パートナーである被害者はなかなか離れることができません。

せっかくまわりの人が協力をしてくれて別れても、何度でも戻ろうとします。

「私がいなくなってしまったら、ひとりになってしまう」

と思うかもしれませんが、それは間違っています。むしろひとりにさせないといけないのです。厳しいことを言うようですが、あなたと彼を最悪の事態にさせないためです。

DVがやめられないという人のなかには、実は精神疾患を抱えていたという人も少なくありません。あなたができることは、DVに耐えることではなく、どこかおかしいと感じたら病院へ行くことをすすめるだけです。病院へ行くことを伝えるのすら難しかったら、サッサと離れましょう。専門家ではないあなたが、彼のDVを治すのはほぼ不可能なのですから。

マザコン、親に頼りすぎてはいませんでしたか？

いい年をして、親離れできない男性との復縁もよく考えたほうがいいでしょう。

何を決めるにも親の意見を丸のみにして、パートナーの意見をまったく聞かないという男性もいるようです。

自分の両親を大切にする姿勢は本当に素晴らしいと思いますが、何から何まで親の言うとおりでは、まったく自立できていない証拠ですね。

そんな彼と復縁をして、万が一、結婚などしてしまったら……。

あなたの苦労は目に見えています。

親に依存しすぎている彼との結婚後、夫婦間で何かもめごとがあったり、嫁姑のあいだで問題が発生してしまったとき、唯一の味方だと思っていた彼にあっさりと裏切られるような思いをしている人たちが大勢います。

自分の両親を大切に思う気持ちは誰しもが持っているものです。ですが、大切に思っていることと、依存しているということはまったく別物です。よく見極めておかなければいけません。

お付き合いをしているころの彼を、よく思い出してみてください。

何かと親が意見してきたり、親の都合で頻繁にデートがキャンセルになったりということはありませんでしたか？

自分のかわりに、親に別れを告げてもらうという男性もいるといいます。

それを聞いて私はすっかり呆《あき》れてしまいましたが、せめて自分のことくらいは自分でできるような人を選んだほうがいいですから、むしろ別れて正解です。

仕事をしているのにもかかわらず、いつまでも親におこづかいをもらっているような人や、お金がなくなるとすぐに親のもとへと駆け寄るような人も、やめたほうがいいですね。

お金に対して異常なほど執着していませんでしたか？

お金に執着しすぎて、他人のためにお金を使えない人がいます。

残念なことに、それは節約とはちがいます。

困っている人のためだとか、身近な人のために、こころよくお金を手放せない人は、少し寂しい心の持ち主であることが多いようです。

お金を大切にするのは悪いことではありません。

必要以上に使わなくてもいいのですが、守銭奴のような人といっしょにいると、そのうち自分のためには全然お金を使ってもらえず、なんだか寂しい思いをするハメになってしまいます。

こういった男性は、

「もったいない」

とか、

「その見返りは？」

というように、誰かのためにお金を使ったとしても、かならずその見返りを求めてきます。自分は損をしたくない！　という気持ちのあらわれでしょうが、心に余裕のある人はたとえお金がなくてもそんなことは言ってきません。

あるご相談では、彼からデートのたびに、チラシ配りのバイトを手伝わされて、バイト代もすべて彼に渡していたなどという、怒りをとおり越して口あんぐりのケースもありました。

そのような相手といて幸せになれるのか、言うまでもありませんよね。

借金を繰り返していませんでしたか？

ひとことに借金と言っても、種類はさまざまですね。

車やマンションのローンだったり、奨学金の返済の場合もありますが、問題なのは、ギャンブルや遊びに使うためのお金を消費者金融で何度も借りてきてしまうような人です。

お金がないからと言って、あなたに貸してくれるよう頼んできたり、貸しても返さないような人は残念ながら今後も改善されないでしょう。

「すぐに返すから」

「かならず返す」

などという言葉はアテにしないほうがいいでしょう。

お金を借りるのは、ほんの数分の審査で借りられるので気軽です。しかし、返すとなると時間もかかりますし、精神的にも大変苦痛です。

そんな彼といっしょにいたら、あなたも彼の借金返済を手伝わなくてはいけなくなってしまうかもしれませんよ。

あなたは彼のために、そこまでできますか？

お金にだらしないクセはなかなか治りません。だらしなくてもきちんと働いていれば、まだ問題は軽くすむ場合もありますが、働きもしない人ならば復縁する必要はないでしょう。別れてよかったと後からきっと思いますよ。

もしも、そんな彼でもいっしょにいたいという気持ちが変わらないのであれば、あなたは相当の覚悟を持って自己責任で、彼との復縁にのぞんでください。

彼は、お金のかかる男ではありませんでしたか？

お金を使わなすぎるケチな男性も考えものです。しかし、反対にお金を使いすぎる男性も危険です。

彼が資産家で、お金にはまったく困らないような生活ができる人ならよいのですが、収入は一定で、さほど多くもないにもかかわらず、あれこれとお金を使おうとしてしまう人は将来を考えると心配です。

今はよくても、将来的に借金をつくってきてしまう人に化ける可能性があります。

あなたが魅力的なら彼は戻ってくる

男性の浮気グセは治すことができないという説があります。

だから浮気をするような男性と、お付き合いをするのはやめたほうがいいと言われています。

しかし本当にそうでしょうか？

私は、パートナーの浮気で悩んでいるという方の相談をたくさん受けますが、セックス依存症というような病気でない限り男性の浮気は治すことができますし、それ自体はさほど問題ではないと思っています。

そのため「やり直すべきではない相手」では浮気グセのある男性を挙げませんでした。

浮気グセのある男性というのはある意味莫大なエネルギーの持ち主であり、仕事においても責任のあるポジションを任されるなど、優秀な人材であることも多いようです。

金運や仕事運も持ち合わせている場合も多いのです。

ですから一概に否定ばかりもできないのです。

あなたが彼にとって魅力があり、自分のことを信じて待っていてくれるようなパートナーであれば、彼は自ら浮気をやめるでしょう。

たとえ一度過ちを犯してしまっても、かならずあなたのもとへ戻ってきます。

彼をあなたにひきつけておきたいのならば、あなたも魅力的になる努力が相当必要です。

彼との未来図が明確に描ければ準備はバッチリ

これまで、冷静になって彼を見極めてみて、どうでしたか？

「彼との復縁はあきらめよう」と感じましたか？

それとも、

「やっぱり、彼は私にとって必要な人」

と、復縁に対する気持ちがさらに強まりましたか？

あなたが復縁を望む彼が、これまで挙げたような男性でなかった場合、自信を持って復縁へと進んでいきましょう。

でも、万が一該当してしまっていたり、不安を感じてしまったら、私はここで別れを決意することをオススメします。

もちろん、最後に決めるのはあなたですよ。

復縁するにしろ、新しい相手を見つけるにしろ、どちらにしても、私はあなたを応援します。

さて、相手を見極めた後は、今後のビジョンを立ててみましょう。

ビジョンというのは、あなたが望む「あなたと彼の未来図」のことです。

これがしっかり描けると、目的（復縁）達成まで最短距離で進むことができます。

反対に、未来図がしっかり描けず、あいまいにしてしまうと、結果もあいまいになることが多くなります。


紙とペンを用意してください。

紙はノートでも、広告のウラでもかまいません。

あなたと彼の未来図を描いていきましょう。

ビジョンを描くとき、年表のように先々の計画を想像で立ててみてください。

年表にするのが難しいのなら、箇条書きにしてもかまいませんよ。

自分の手を使って、自分が描いている未来をしっかりと把握してほしいのです。

「○○までに、彼と復縁する」

とか、

「○○ごろまでに、彼と二人で海外旅行に行く」

というように。

こまかい決まりごとは、いっさいありません。

自分の思いどおりの未来を思い描いてみましょう。

途中で妄想してしまってもかまいませんよ。楽しんで行なうことがポイントです。


どうですか？　スラスラと年表をつくることができましたか？

作業の途中で「もういいや」と思ってしまうかもしれません。

また、復縁したいと思っていたけれど、彼との未来がまったく想像できない、ワクワクできないという事実に気がつくかもしれません。

そうなってしまったときは、本当の自分は復縁を望んでいなかったということ。

別れてつらく悲しかったという気持ちのほうが大きく、本当は「パートナーは彼でなくてもいい」と思っている事実に気がつくことができます。

一方で、彼との復縁がリアルに想像できたり、紙に書いている途中でどんどん楽しい気分になってきた人は、あまり時間をかけずに復縁できる可能性が強いでしょう。

私もサポートしますので、いっしょにがんばりましょう。

彼との復縁を成功させるための準備が、これで整いました。

さて、これからは、実践です。

大好きな彼との、幸せな未来をかならず手に入れましょう。

これまで流してきた涙を無駄にしてはいけません。

強い気持ちでがんばりましょう。

第3章

別れた理由に合わせた確かな復縁

原因に合わせて復縁できる

復縁のコツ、理解できてきましたか？

これまで厳しいことも言いましたし、我慢しなければならないこともたくさんありますが、そんな険しいイバラの道を選んだのはあなたです。

でもあえて困難な道を選んだのですから、きっとあなたなら復縁を成功させられます。

さて、ここからはようやく復縁のテクニックをご紹介していきます。

悲しんでばかりいる毎日はもう終わり、さあ、顔を上げてがんばりましょう。

復縁をするための基本のルールがわかってきたら、次は第2章であきらかにした別れの原因に合わせた復縁法をお教えします。自分に当てはまるものを見つけてくださいね。

彼を信じることができなくなった

たまに返事のタイミングが遅かったり、予定がないはずなのに、電話に出てくれないときがあったり……。

もしかして！　といやな予感がして、つい彼のスマホをのぞいてしまった。するとそこには、他の女性と浮気をしている証拠のメールや画像がたくさん。

「これは何？」

と彼を問いつめると、なんと彼がスマホを勝手に見てしまったことに対して激怒。私はあやまってもらえるとばかり思っていたのに、なんと別れを切り出されてしまった。

彼の浮気が発覚したときは、別れてもいいと思っていたし、浮気する男なんて最低だと思っていた……。

けれど、やっぱり彼のことをあきらめられない。そんな相談をいただくことがあります。

でも、あなたはなぜ、彼のスマホを見てしまったのですか？

浮気をして、あなたを裏切ってしまった彼は確かによくありません。しかし、あなたのその行動は、彼のプライバシーを侵害したのと同時に、彼のことを裏切ってしまっているのです。

なにより彼を信じることができないということが問題ですよね。

女性は特に、パートナーのスマホや手帳などを盗み見し、何か証拠をつかもうとしてしまいます。

しかし、実際そんなことをして幸せな気分になった人を私は見たことがありません。誰しもが、何かしら相手の秘密を見つけてしまい、いやな気分にさせられているのです。何も発見できなかったら、かなりラッキーだと思っていいでしょう。いやなものしか発見できないとわかれば、見ようなどと思ったりはしなくなります。

彼は今、あなたに対して怒りの感情を抱いています。

もしかしたら、あなたに悪いと罪悪感を抱き、浮気などやめようと決めていた矢先だったのかもしれないのですから……。

しばらく彼との距離をおいたら、まず、彼に謝罪のメールを送りましょう。

その際、電話は極力控えましょう。出てもらえない可能性もありますし、つい余計なことを口走ってしまうかもしれないからです。あやまるはずの電話が、いつしかケンカのもとになってしまってはいけませんからね。

その点、メールでは作成した文面を何度もチェックできますし、彼も冷静になって読んでくれる可能性が高いと言えます。

そして、メールの文面は、なるべく簡単なものにしてください。男性は女性のように、長くだらだらと書かれたメールを見ると、面倒くさいと感じます。これは、普段のメールにも言えることです。

メール送信前には第4章の「きっかけをつくるためのワーク」をするのがオススメです。言いたいことはいろいろあるでしょうが、それは次の機会へ持ち越しです。謝罪のメールを送ったら、次は彼と実際にデートをするよう話を進めてください。その際も慎重に。彼はあなたに対して怒っているわけですから、少し下手《したで》に出るくらいがちょうどいいと思いますよ。

デートをする日が決まったら、美容院やデパートへ出かけましょう。

あなたの外見のイメージを変えるのです。

テーマは「女性らしさ」。

あなたはあまり好きではなくても、やはり男性は女性らしい服装が好き。

色もパステルカラーで、少し甘めのやわらかい雰囲気のものがいいですよ。

それからぜひ、取り入れてほしいのは、彼からもらったアクセサリーがあればかならず身につけること。プレゼントしたものをさりげなく身につけているということは、彼にとって好印象です。

とても盛り上がっていたときに彼がプレゼントしてくれたアクセサリーは、彼にとっても思い入れがあった品であるはずです。そのアクセサリーを身につけることで大好きだったあなたに再び気がつくかもしれません。

男性を外見でひきつけるには、なにより「わかりやすさ」がいちばんです。

女性のあいだでは流行のものでも、男性には理解できないものもあります。本人がどれだけおしゃれだと思っていても、やはり王道には勝てないのが現実です。

外見を整えたら、マッサージや岩盤浴に出かけてもいいでしょう。岩盤浴などでたくさんの汗をかき、身体のなかに溜まった老廃物を出すことで、なんだか気分もすっきりするはずです。別れた後は、いろいろと悩み込むことが多く、知らないうちに心が重たくなっています。

心が重たいと呼吸も浅くなり、オーラも弱くなってしまいます。腹式呼吸も心がけながら、ワークも継続してくださいね。

「重たい」と思われてしまった

最近私が相談を聞いて感じるのは、みなさん連絡を取りすぎているということです。連絡を必要以上に取りすぎていたり、連絡を取らなくてはならないと思い込んでいる人もいます。

確かにあなたは、彼の毎日の行動が気になるのでしょう。

まるで点呼をしているかのように、しょっちゅう連絡を取り合っています。連絡がないと怒り出したり、泣いてしまったりする女性もいますが、それはちょっと考えもの。少しでも長く彼とつながっていたいと思うのかもしれませんが、彼からしてみるとあなたのその行動は、負担になってしまっていたのです。

なぜあなたはそんなにも彼からの連絡にこだわるのでしょう？

連絡がないと、彼が浮気をしているだとか、自分のことを嫌いになってしまったのではないかというように、不安になってしまうからでしょうか？

もしも、あなたが不安な気持ちをまぎらわせるためにそうしたのであれば、それは少し問題です。

あなたの寂しさをうめるために、彼はあなたと付き合っていたのではありません。そういった依存関係は、お互いをダメにしてしまいます。

多少連絡がなくても、泰然自若としていられるような女性にならなければ、いずれ男性は離れていってしまいます。

男性は、女性のように恋愛のことだけで頭がいっぱいになることはあまりありません。たとえ恋愛のことしか考えていない瞬間があったとしても、仕事をしなければいけないときは、仕事のことだけしか考えることができないのです。それが男性の特徴だということを理解してください。

男性は、付き合いはじめの3カ月から6カ月のあいだは、皆がんばります。メールを頻繁に返したり、毎日の電話にも付き合ってくれます。あなたはその彼のやさしさが大好きだったのでしょう。

しかし、その彼の姿は「あなたに嫌われまいと一生懸命がんばっている状態」なのです。誠実な人だと思ったときの彼は、がんばりすぎていた姿だったのです。

では、彼ががんばるのをやめて連絡が少なくなったからといって、愛情までもなくなってしまったのでしょうか？

答えはＮＯです。

「本当の自分はちょっとズボラなんだ」

と、彼は、あなたならわかってくれるだろうと思って、安心して本当の姿をあなたに見せただけなのです。

その点が、女性がいつも勘違いしてしまうところですね。

そのようなすれちがいが続き、彼に「重たい」と感じられてしまったあなたが復縁に向けてすべきことは、しばらく彼に連絡をしないこと。そして自分ひとりでも平気で過ごせるような状態へと自分を変えることです。彼と再会したとき、しっかりと自立しているあなたを彼に見せつけましょう。

自立するというと、実際はどうすればいいのでしょうか。

「私はきちんと社会人として働いて生活している」

とあなたは思うかもしれませんが、私が言いたいのは社会的な自立ではなく精神的に自立してください、ということです。

別に彼がいなくても平気だと思えるような人になってみましょう。自分ひとりの時間が多くなっても、その時間に相手を巻き込むのではなく、自分ひとりでも過ごせるようになってください。その状態になることが、自立の目安です。

今はＳＮＳが普及しており、すぐに誰かとつながることができる環境にあります。そのせいか、何かにつけて答えを早急に求めすぎる人が多いような気がします。そのため、ちょっと連絡がなくなったり、会えない日が続くと、相手が何をしているのか、そして、相手が今、何を考えているのかが気になってしまってしかたないのです。

あなたがもしそういう状態ならば、何か夢中になれるような趣味を見つけてみてはどうでしょうか？

少しでも興味があるなら、おけいこなどに通ってみてもいいかもしれません。そこで新しい人間関係もできて、自分自身の世界も広がりますし、思った以上に楽しいかもしれませんよ。

自分が何を好きかがわからない、と嘆いている人は、とりあえずあなたの思いつくままに行動してみてもいいかもしれません。本書で紹介しているワークをたくさんやり続けるのもオススメです。

自分探しをしているうちに、かならず答えにたどり着くはずです。そうやって自分ひとりでも過ごせるように成長したあなたは、彼が常にとなりにいなくても平気ですし、以前より自分の人生が楽しいものに思えているでしょう。

その姿はまわりから見ても一目瞭然です。

キラキラ輝いているあなたは、彼の目から見ると、以前のあなたとはまるっきり別人のようで、素敵な女性にうつるはずです。

自分をさらけ出しすぎてしまった

男性はあきっぽく、獲物を追いかける生き物です。

あなたは彼といっしょにいるとき、自分の過去のことや普段の生活パターンなど、自分にまつわるすべての情報を彼に与えていませんでしたか？

自分のことをわかってもらいたい一心で、自分をさらけ出しすぎるのは、男性をあきさせる手助けをしているようなものです。

男性は、手に入りそうで入らないものや、手に入れるために一生懸命がんばったものに対してとても好奇心をかき立てられます。

そして手に入れた場合、長く大切にするという性質を持っています。これは、物質に対してだけではなく人間関係、つまり恋愛に対しても同じことが言えるのです。

彼が何かあなたにいろいろと質問をしてきても、すべてに答える必要はありませんよ。

たまには、「内緒」という答え方をしたり、「なんでそんなこと聞くの？」などという答え方をしてはぐらかすのもテクニックのひとつです。

彼　「ねえねえ、前の彼はどういう人だったの？」
あなた「え？　付き合ってた人なんていないよ」
彼　「そんなのウソだよ、教えてよ」
あなた「なんでそんなに聞きたいの？　私は◯◯くん（彼の名前）が大好きだよ」

これは、付き合いはじめのカップルによくありがちな会話例です。

彼の質問に対してあなたの返事は、まったく答えになっていませんね。

でも、このくらいの加減でいいのです。

このような質問をしてくる彼の心境というのは、あなたのことが気になってしかたがない、あなたが昔付き合っていた相手が自分よりも上なのか下なのか気になってしまっている状態ですね。

この状況で、以前の相手について詳細に語らないところがポイントです。

あなたのミステリアスな部分を残すことで、相手をどんどん夢中にさせ、あなたの手中におさめることができるのです。

「私たちは何年も付き合っていたから、隠すこともなくなってくるし、ミステリアスでい続けることなんて、無理ですよ」

と、よく言われます。確かにそのとおりです。

ひとりの人間と長く付き合っていれば、相手のことは何でも知り得てきますし、性格だって見通されてしまうでしょう。

その考え方は間違ってはいませんが、少し視野が狭くなっているのに気がつきませんか？

いくら彼に聞かれたからといって、元彼とのあいだに起きたネガティブな事象、別れた経緯を話す必要はありません。

実際に、話しすぎた後から彼の態度がそっけなくなり、別れを切り出されたという話をご相談者から聞くことも頻繁にあります。

そんな過去のネガティブな告白をするよりも、あなたがいろいろなことに挑戦したり、

夢を持ち続けることで、

「この女性はこれからどうなっていくのだろう」

と相手に想像させるのです。

未来を期待させることは、相手の好奇心を刺激します。ずっと追いかけていたいと思わせる女性は、皆共通してこのような傾向があるのですよ。

自分のパートナーを魅力ある女性として見られなくなってしまった男性は、別れを切り出して次の刺激的なパートナーを探そうとするか、魅力的な浮気相手を探そうとする傾向が強いようです。

彼に尽くしすぎてしまった

母性本能の強い女性がいます。好きになった相手には、とことん尽くしてしまうような、まるで母親のような女性です。

「彼のことが好きだから」

と、結婚をしているわけでもないし、頼まれているわけでもないのに、相手のためになると思い込んで相手の世話を焼き続けてしまう女性です。

こういった女性とお付き合いをすると、男性はそのやさしさに最初はとても喜んでくれるでしょう。しかし、その喜びも初めのうちだけ。すぐに当たり前に感じてしまう男性が多いのが事実です。男性の甘えが出てしまっているのでしょうが、そのようにさせてしまった女性にも問題があるのでは……。

常に何でも気を利かせて、女性が身の回りの世話をしていると、男性は次第に自分から動くことすらしなくなります。

初めは手伝ってくれていたとしても、それもなくなってしまいます。そういった男性の態度を見て、怒って私のところへ相談に来る方もいますが、男性をそのようにしたのは、実は自分自身だということを受け止めましょう。

私は、面倒見がいいあなたを否定しているわけではありません。ですが、男性をひきつけておきたいのであれば、尽くすだけではバランスがくずれてしまいます。

先の「自分をさらけ出しすぎてしまった」というところにも関係してきますね。

尽くすあなたと、ミステリアスなあなたをバランスよく彼に見せることで、彼はきっとあなたにはまってしまうと思います。

もしかしたらあなたのなかには、女性は男性に尽くすもの、という固定観念があるかもしれません。確かにこれまではそういった時代でした。ですが、あまりにも女性が尽くしすぎると男性はワンマンになってしまいます。

男性をワンマンにさせないためには、いったいどうしたらいいのでしょう。

男性に協力してもらい、二人でいっしょに何かを行なうようにしてみるのはいかがでしょうか？

料理を例に考えてみましょう。最近は男の料理も流行《はや》ってきていますね。本屋さんでは、男性タレントの料理本がたくさん売られています。そういった本を参考に、簡単なレシピのものを選び、

「いっしょにつくろう」

と、彼を巻き込んでしまいましょう。

そして、彼が料理をしている姿を見てあなたがひとこと、

「やっぱり男の人が料理をするのって、素敵よね」

「あなたのお皿の洗い方、包丁さばきはやはり女には真似《まね》できないわ」

などと彼を少しおだててみてください。

もしかすると最初は気乗りしていなかった彼かもしれませんが、あなたにほめられることで料理もまんざらではないと感じるようになってきますよ。

このようにして、あなたが一方的に尽くすだけではなく、共同作業にしてしまえば、二人の共通の会話も増えますし、よりお互いにわかり合えるきっかけにもなるでしょう。

彼の気持ちを試してしまった

「もう別れる」と言って、あなたは、彼に対して一度別れを切り出しました。

でも、今のあなたは、その彼との復縁を望んでいます。それを知ったら彼はどう感じるでしょうか？

もしあなたなら、とても複雑な気分になってしまいませんか？

それもそのはずです。今の彼は、大好きなあなたから突然に別れを切り出されて落ち込んでしまっているか、もしくは次に気持ちを切り替えようと、あなたのことを忘れる努力をしている最中かもしれません。

ここであなたがまずやるべきことは、彼を傷つけてしまったという事実を反省することです。また同じことを繰り返さないように気をつけてくださいね。

そしてもうひとつ、他の別れのパターンとちがってあなたが振った場合に限りますが、この場合は早急に、彼に別れを切り出したことをあやまりましょう。

できるだけ早いうち、別れてから2～3週間以内がベストです。

参考になるようなメールの文面をお教えしますので、あなた流にアレンジして彼に送ってみてください。

あなたの復縁は、まず彼にあやまるところからのスタートです。

参考にして、あなたらしく書き直して送ってみてください。

「〇〇くん、こんにちは。

元気にしていますか？

このあいだは、別れようなんて言って、本当にごめんなさい。

私、本当にどうかしていたみたい。
○○くんと離れてみて、私に本当に必要な人は○○くんだって今になって気がつきました。
○○くんを傷つけておいて、勝手なことを言っているって自分でもわかってます。
けれど、私にはやっぱり、○○くんしかいないの。

毎日後悔ばかりして、とても反省しています。

こんな私を、許してはもらえないよね……？」


というような内容のメールを送ってください。

「ちょっと照れくさい」と思うかもしれませんが、とにかく反省しているという内容にすることです。いかに彼が自分にとって大切な存在かが伝わるようにしてください。

言葉の表現はあなたの好きなようにアレンジしてかまいませんが、なるべくしおらしい女性のイメージで文章をつくりましょう。

メール送信前には第4章にある「きっかけをつくるためのワーク」を行なってください。このメールを送信した後、すんなりと彼ともう一度会う機会が得られると思います。そのときも、できるだけ下手に出るように。とにかく反省している、という様子を全面に出すようにして再会してください。

メールを送ることができたら、なぜあなたがこのような間違いをしてしまったのか、再度振り返ってみましょう。

あなた「あのさ、最近全然連絡くれないよね」
彼　「忙しいんだよ」
あなた「でも、あなたよりも忙しい人なんてもっとたくさんいるじゃない？　連絡する気がないんでしょ？」
彼　「そんなことないって」
あなた「だったらなんで連絡くれないの？」

彼　「だから忙しいんだってば！　たまには会ってるんだからいいだろ」
あなた「前はそんなことなかったじゃない。私のこと、どうでもよくなってきたんじゃないの？」
彼　「…………」
あなた「ほら！　なんで黙るの？　やっぱり私のことどうでもいいと思ってるんだ！」
彼　「ちがうよ」
あなた「もういいよ、私たちもう終わりにしない？」
彼　「……わかった」

彼は好きな気持ちにまったく変化はないにもかかわらず、あまりマメではないために、あなたのほうが怒ってしまい、勢いで別れを切り出してしまう。
あなたは、彼が引きとめてくれるだろうと思って、彼に別れを切り出します。でも実際は……。

想像を裏切り彼が別れを承諾してしまいました。

こんなはずではなかったのに！

別れを切り出すことで、彼が危機感を覚えて、やさしくなってくれると思っていたのに……。

あなたはそんな気持ちかもしれません。

自分の予想とちがう展開になってしまい、みなさん大あわてで私のところへ相談の依頼をしてきます。「彼は、私のこと嫌いになったの？」と。

でも私が相談を受けてみると、だいたい男性のほうが女性をとても恐れており、恐怖心から別れを承諾したような形になっています。

彼の心の声をあらわすとすれば、「なんで怒られているんだろう？　よくわからないけど、とにかく怒っている」という感じ。

一方、あなたはといえば、別れを承諾したのだから、もう私に気持ちはないのだと勘違いをしています。

そうではないのです。ただ、彼はあなたが怖いだけ。

彼の気持ちを確かめたいと思う気持ちはわかりますが、このような試し方は、多くが失敗に終わります。

そして何度もこのような試し方をしていると本当に彼に愛想をつかされ、大変なことになってしまいますよ。

男性の多くは、愛情表現を苦手としています。

自分の本心をなかなか表現できなかったり、それをわざと隠したりします。女性はわかりやすい愛の表現が大好きなので、外国のドラマなどを見て、男性が堂々と愛の告白をしているのを見て感動してしまいます。

ですが、残念ながら日本の男性にそれを望むのはなかなか難しいことかもしれません。

たとえ会えなかったり、連絡がなかなかなかったとしても、嫌いな人といつまでも付き合っているような人はいません。

復縁を実現するために、再開の前に今一度、彼を信じるということを思い出してくださいね。

勢いで別れてしまった

付き合ってからしばらくたったときに訪れた彼との倦怠期《けんたいき》……。

そしてそんな倦怠期を過ごしているあなたに訪れるのは、彼以外の素敵な男性の出現です。

何かのきっかけで、運命の人だと感じるような人に出会います。

その男性とは話をしていてもとても楽しいし、連絡もマメにくれるし、とてもやさしい人なのです。

「好きになりそうだ」なんて言われてしまうかもしれません。久しぶりに感じるドキドキ感にあなたは動揺を隠せません。

その男性は、すべてにおいて、あなたの彼よりも優れた男性に見えてくるでしょう。

次第にあなたは、彼と別れてその男性とお付き合いをしたいと考えるようになっていきます。そんな気持ちを残したまま、彼とデートしたとしましょう。

デート中、彼の欠点ばかりが目についてしまい、とうとうケンカまでしてしまいます。

「やっぱり、私の運命の人はあの人にちがいない」と彼に別れを告げてしまうのです。

その後、あなたはその新たに出会った男性とお付き合いをしていたけれど、うまくいかなかった……。

その男性は、一時的にはあなたにとっていい刺激を与えてくれた男性だったのかもしれませんが、あなたのパートナーとしては不十分だったというケースです。

そのことに気がついたあなたですが、時すでに遅し。どうにか彼と復縁できないかと考えるようになるのです。

この場合、彼はあなたから一方的に別れを告げられたわけですから、あなたに対して、まだ好きという気持ちが残っていると考えてもいいでしょう。

しかし、自分を裏切ったあなたに対して、悲しみやうらみなどの感情を抱いているかもしれません。

彼との復縁を成功させたいのならば、あなたが深く反省をし、彼のそういった感情を取り除くように努力をしなければなりません。

彼に連絡する前に第4章にあるワークを実行して現実的な行動を起こしてください。

ただし、復縁がかなったときに、また同じ理由でいやになってしまうかもしれません。どういった理由で、彼に別れを告げたのかを振り返ってみる必要がありますよ。

付き合っていると思われていなかった

「付き合おう」という二人のあいだで交わされる約束をおろそかにしてしまった人にありがちです。なんとなく、いつも彼のペースに流されてセックスフレンド化してしまっている人や、遊ばれていることに気がついていない人などさまざまです。

このケースでまず言えることは、彼からの告白の言葉をきっちり引き出すこと。

会えばかならずベッドに直行してしまっている二人なら、まずはセックス抜きのデートを続けてみましょう。彼から誘われても、あなたはきっぱりと断るのです。断ると嫌われて、もう会えなくなってしまうかもしれないと思うかもしれません。

ですが、よく考えてみましょう。

セックスを断っただけで、会ってくれない男性と付き合って、あなたは幸せですか？

生理中のときは会ってくれないっておかしくないですか？

それは、あなたのことを愛してくれていると言えるのでしょうか？

そんな彼はあなたのパートナーではありません。彼をどうしてもあきらめられないなら、身体の関係を続けたままでも、相手に告白をさせるという選択肢もあります。

あまりオススメできませんが、第5章にある「愛を深めるワーク」を行ない続けるのも効果的です。

ともかく彼からの告白を引き出してほしいものです。

セックス抜きのデートを続けることができたら、少し連絡を控えましょう。

彼に「どうしたのかな？」と思わせるのです。

しばらく時間を空けた後、何気なく彼にメールをしてみましょう。

「元気？」といったひとことメールで十分です。

あなたのことが気になっていれば、かならず返事がきます。ちょっとおしゃれをして、彼に会いに行きましょう。

彼の目には、以前とはどこかちがうあなたがうつっているはず。
わざと時間を空けるのは、出会ったころの二人になるべく近づけるためです。

あなたの魅力を高めてくれる方法

別れたこの状況をなんとかしたいと思っても、ふつうはどうにもなりません。相手がいる話ですし、離れた相手の気持ちをもう一度自分に向けさせるなんて、できるはずがないと皆が思うでしょう。

でも、なんとかしてくれる方法があったとしたらどうですか？

誰にでも「なんとかしてくれる方法」、それは、私が考案した「ワーク」です。

基本の「ワーク」

まず初めに、「ワーク」という言葉を初めて耳にしたあなたのために、ワークについて簡単に説明しておきましょう。

ここでいうワークとは、今の自分自身の状態（または環境）を改善させ、より望ましい自分自身や環境へ現実的に変えていくための方法です。

たとえば、ネガティブな気持ちでいっぱいになってしまったとき、ワークをやればあなたの心は正常に戻り、落ちつき、やる気がわいてきます。

ワークは、自分自身の状態を浄化して改善させることにも使えますし、今回のように相手がいる場合でしたら、相手との関係性を改善させることにも使える方法です。

ワークと深く関係しているのは、「チャクラ」です。

チャクラという言葉を聞いたことがありますか？　ヨガをやっている人なら、聞いたことがあるかもしれません。

チャクラとは、私たちの身体にある「ツボ」のようなもので、エネルギーの出入り口とされている場所を指します。

身体のなかには全部で7カ所のチャクラがあり、それぞれに呼応する色があります。

・第一チャクラ（生殖器のあたりで、色はレッド）
・第二チャクラ（下腹部、おへその約5センチ下あたりで色はオレンジ）
・第三チャクラ（みぞおちのすぐ下あたりで、色はイエロー）
・第四チャクラ（胸の中心部分で、色はピンクまたはグリーン）
・第五チャクラ（のどの部分で、色はブルー）
・第六チャクラ（みけんのあたりで、色はインディゴブルー）
・第七チャクラ（頭頂のあたりで、色はヴァイオレット）

このチャクラの働きが乱れると心身ともに不調になりますが、バランスよくチャクラが活性化すると、幸せで健康的な生活ができると言われています。ワークでも効果をすんな

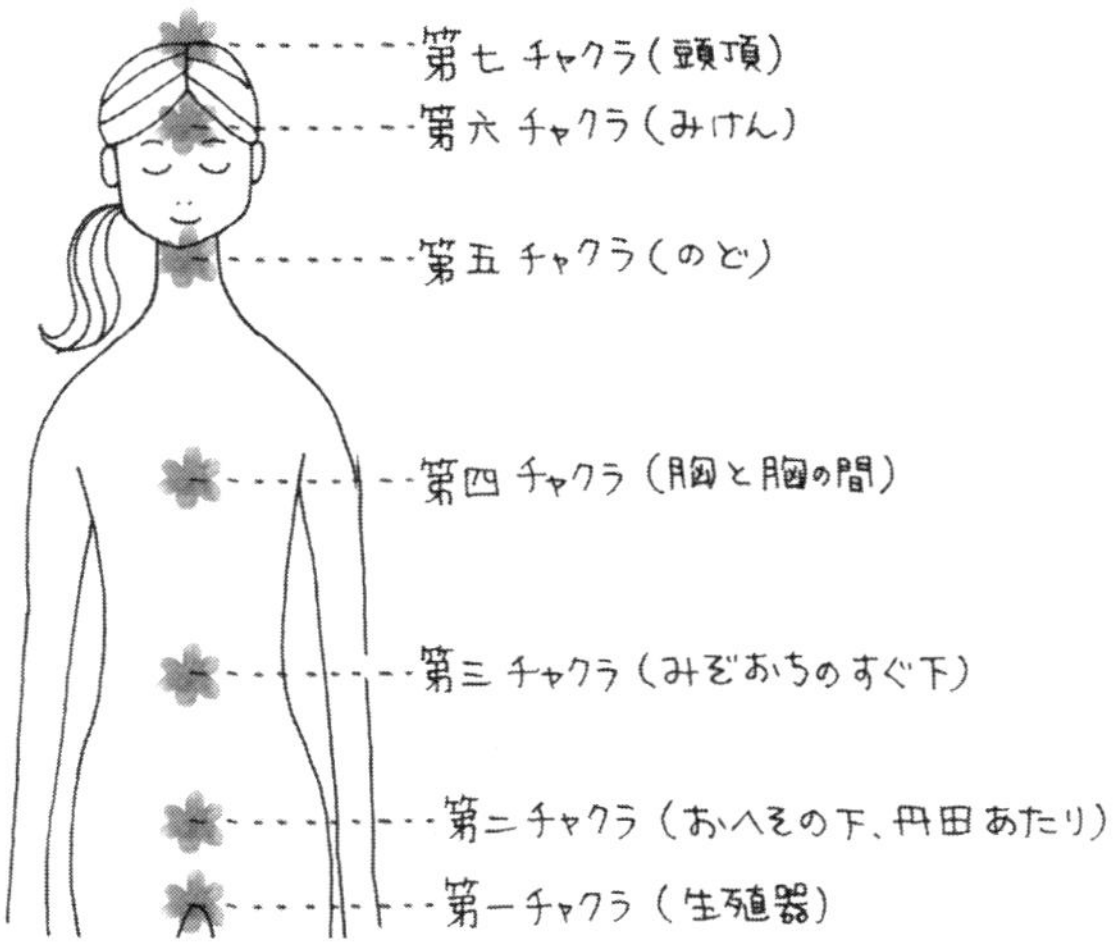
第七 チャクラ（頭頂）
第六 チャクラ（みけん）
第五 チャクラ（のど）
第四 チャクラ（胸と胸の間）
第三 チャクラ（みぞおちのすぐ下）
第二チャクラ（おへその下、丹田あたり）
第一チャクラ（生殖器）

り出しやすい方は、チャクラが活性化している方です。詳しく知りたい方は、チャクラに関する本を読んでみたり、ヨガや瞑想《めいそう》を始めてみてもいいでしょう。

ワークは、あなたの未来を想像してワクワクしながら行なってください。ネガティブな気持ちは捨て去り、楽しい気持ちで行なうことで、幸せな結果がやってきます。

また、このワークを行なっていることは、他人に絶対に話してはいけません。とても仲がよく、あなたと彼との復縁を応援してくれているようなやさしい友達がいたとしても、「今私、彼と復縁したくて○○というワークをやっているの」などと絶対に話さないようにしましょう。

私の多くの相談結果から、このワークを行なっている最中に他人に話してしまったという人は、残念ながらほとんど失敗しています。

男の人は秘密主義の人が多いためか、ほとんどの人がきちんと成果を出されているのですが、女性はついつい他人に話してしまい失敗します。

理屈では説明がつけられない、私でも不思議に思うことなのですが……。こういった傾向が顕著にあらわれているので「ワークをしていることは、他人に話さないように」と忠告するようにしています。

さらに、ワークの効果を信じて続けることも大切です。疑いながら行なってしまうと、効果はあまりありません。あなた自身と、ワークの効果を絶対的に信用することがなによりも大切です。

この後、復縁にまつわるワークを紹介していきますので、まずは簡単な131ページの「元気になって魅力が高まるワーク」から試してみてください。

信じる気持ちが強ければ強いほど、あなたの願望を、より早く実現させることができますよ。

それからもうひとつ、やりたくないと思ったときには、ワークは少しお休みしても大丈夫です。真面目な人は「ワークをやらなくちゃ」とノルマのように感じてしまいますが、「やってみようかな」と軽く感じたときなどに行なったほうがベストです。

肩の力を抜いて、リラックスした状態でできるといいですね。時間や場所の指定は特にはありませんが、可能な限りひとりになれる静かな空間で行なうことをオススメします。

131ページの「元気になって魅力が高まるワーク」は、日常的にも応用できます。会社でいやなことがあったり、人のグチばかりを聞かされて、疲れてしまったときなどに行なっているという相談者もいます。

「なんだか今日は元気がないな」とか、「いつもより調子が悪いな」と感じたときにオススメです。

最初は慣れないかもしれませんが、続けることで確実に効果が感じられますよ。

長年の相談者のなかで、このワークを日常生活に取り入れているという方々から聞いたことなのですが、このワークを行なった日はどうやら調子がいいなと感じることが多いそうなのです。

なかには「ラッキーなことがかならず起こる」といううれしいご報告もいただきます。

その方々も、初めはなかなかうまくできずにイスに座って深呼吸を数回するところまでで、集中力が切れてしまっていたそうです。

なかなか毎日行なうこともできずに、数日間空けて少しずつ行なっていました。

しかし、そうやって続けていくうちに、「こんな感じかな？」とコツをつかみ始め、深呼吸をすることも、イメージをすることも自然にできるようになったと言っていました。

元気になって魅力が高まるワーク

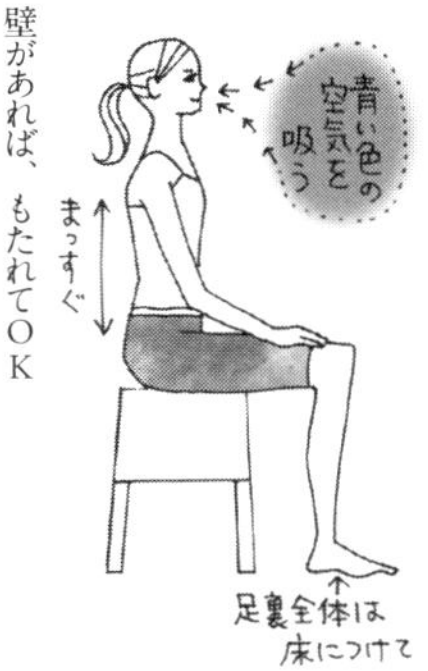

壁があれば、もたれてOK
青い色の空気を吸う

足裏全体は
床につけて

1

イスに座り、足の裏を床につけた状態で、
深呼吸を２～３回行ないます。
気持ちを落ち着けましょう
（深呼吸は５～７秒ほどかけて深く吸い、
５秒ほど息をとめて、10秒ほどかけて
ゆっくり息を吐く）

2

息を吐くタイミングで、
身体のなかにある悪いものが足の裏から
出て行くようなイメージをします

地面に吸い込まれる

金色の光をイメージするには
太陽や電球をイメージ

3

②を、身体のなかの悪いものが
なくなったと感じるまで続けましょう。
回数は３回～５回くらいが目安です

4

悪いものがなくなったなと感じた後に、
金色の光が身体のなかに広がっているよう
なイメージをして終わりです

目は開けていても閉じていてもかまいません

「ワークになれてくると、やり終えた後はなんだかすっきりした気分です」

と、今ではヤミツキになっている様子でした。

新しく始めることは、初めは誰しもうまくできません。

完璧を求めずに、あなたが無理をしない程度に生活に取り入れてみてくださいね。

第4章

もう一度、彼を引き寄せる！

今までの恋愛の常識をくつがえす復縁法

本章では、これまでの復縁の常識とはちょっと異なる、特別な復縁法をお教えしたいと思います。

「無理だとあきらめていた彼だけど、やっぱり忘れられない」

「どうしても彼じゃないといや」

そんなあなたのための復縁法です。

忘れられない！　昔の彼ともう一度

学生時代に付き合っていた彼のことが忘れられなくて、できることならもう一度付き合いたいと思っている人もいるでしょう。そして昔を懐かしむ気持ちと同時に、

「でも、いまさら無理だろう」

と、あきらめてしまっていませんか？

「昔の恋も、取り戻せる方法がある」

と、言われたらどうでしょう？

あなたをだましているわけではありませんよ。本当にそんな魔法のような方法があるのです。

昔付き合っていた彼と再び付き合うには、まず彼と「再会」し、彼に自分を好きになってもらわなければいけません。

この「再会」が難しくて、みなさんはあきらめてしまいます。確かに、ふつうに生活を送っているだけでは、昔の恋人とバッタリ会うなんてことはほとんど考えられません。奇跡でも起きない限り……。

では、その奇跡を自分で起こしてしまいましょう。

昔付き合っていた彼と、偶然の再会を引き寄せたいあなたは、139ページの「偶然を引き寄せるためのワーク」を実践してみてください。できるだけたくさんの回数、ワークをしてください。きっと彼と再会することができますよ。

ある方は、十年以上前に別れた相手との復縁を望んで、私のところへ電話をかけてきました。その方は、相手の人が今どこで何をしているかもわからなければ、連絡先もわからないと言います。

「それなら、どうすることもできません。あきらめましょう」

と、ふつうの相談では追い返されてしまうかもしれません。

ですが、私はその相談者の方に「偶然を引き寄せるためのワーク」を教えました。

その方は、毎日ワークを頻繁に行なっていたそうです。


数カ月たったある日、なんとなく散歩がしたくなって出かけた先で、思いがけない再会がありました。そう、彼女が一生懸命ワークを行なって再会したいと思っていた、まさにその相手と偶然にも再会することができたのです。

二人は昔付き合っていたころの話を懐かしみ、連絡先を交換しました。

相談者の方は、勇気を出してデートに誘い無事復縁を成功させることができました。

しかも、そのお二人は今は仲良し夫婦として近所では有名だそうです。


信じられないようなお話ですが、私の教えるワークを熱心に行なっている方たちのあいだでは、このような「ありえない」出来事は日常茶飯事です。

あなたもこのようなラッキーをたぐり寄せてみませんか？

このワークをきっかけにして幸せをつかんだ人たちは、泣いて電話をかけてきていたころとはまるで別人のようです。沈みがちだった声のトーンも高くなり、はきはきと話してくれます。

もしも、あなたが自分自身の手で幸せをつかむことができたら、きっとあなたも、今よりもずっと自信に満ちあふれ、キラキラと輝いた女性になるのでしょう。

そんな日がくるのが、待ち遠しくなりませんか？

ワークを行なっているあいだは、早く成果を出したくて、イライラした気持ちになることもあるでしょう。でも、イライラ、ギスギスしているときほどうまくいかないようです。

「かならずいい結果がやってくる」と自分を信じて過ごしましょう。


このワークは、昔あなたがお付き合いをしていた彼と偶然の再会をつくるためのものです。寝る直前や目覚めたときの状態に行なうのがいいでしょう。あなたの脳にイメージを刷り込むことで、それを現実にさせてくれます。

偶然を引き寄せるためのワーク

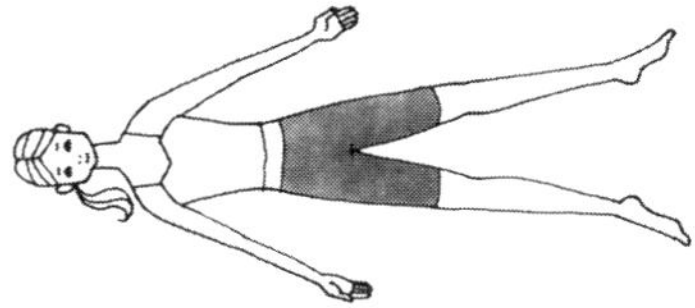

① 寝る前や朝、目覚めたときなどベッドに横になって、リラックスしてください

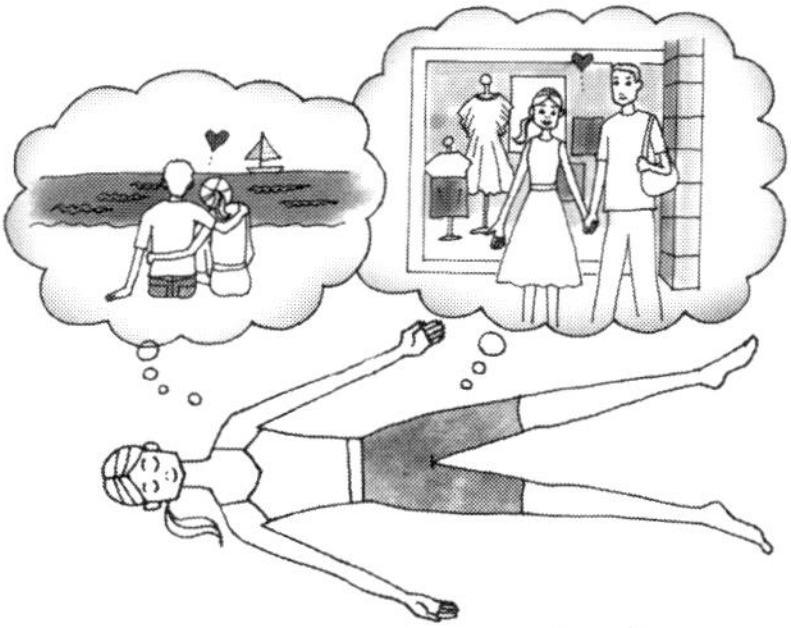

② 好きだった彼と再会して、あなたと彼が楽しくデートをしているところを想像してください
（なるべく詳細に思い描くことがコツです）

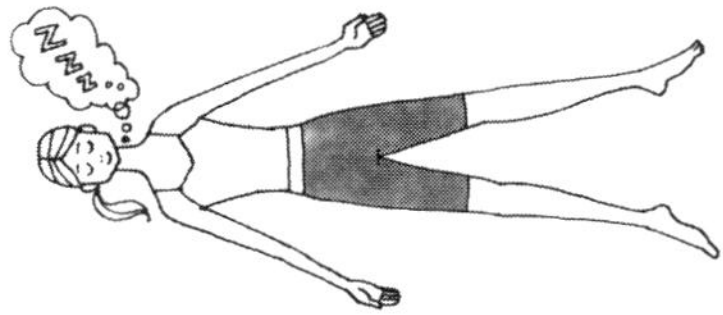

③ 想像しながらそのまま寝てしまっても結構です

想像する内容は、あなたの望むようなストーリーで大丈夫です。

こうなったらいいなという気持ちを大切に、思うがままに想像しましょう。

裏技としては、すぐに彼と復縁して、彼との楽しい時間を送っている様子をイメージするのもかなり効果的です。

そしてこのワークは、片思いの相手でも応用できます。

想像するだけで幸せな気分になれるような素敵な内容がいいでしょう。

自然消滅の別れは自然復縁しやすい

学生時代に付き合っていたあの人、今はどうしているのかわからないけれど、今思い返せばあの人と付き合っていた私はとても幸せだったな……と、ふと思い返したことがきっかけで、復縁をしようと意気込む人がいます。

「でも、私たちってどうして別れたんだっけ？」

「なんだかいつのまにかお互いに連絡をしなくなって、そのまま別れたことになっていたかも」

そんな別れ方をしていませんか？

いわゆる自然消滅という別れ方ですが、自然消滅は、自然復縁しやすい別れの状況です。

しかし、戻りやすい反面、壊れやすくもあります。なんとなくというあいまいな理由ではなく、きちんとした別れの原因がかならず潜んでいるはずですから、まずはそれを見つけるようにしましょう。

そうでなければ、せっかく再会をして復縁がかなったとしても、再び同じ理由で別れてしまいますからね。

原因を見つけて、それを改善することができたら彼と再会をしてみましょう。

再会する前にワークをするのを忘れないように。

彼と再会ができたなら、さっそく復縁の話をするのではなくて、デート中のいい雰囲気のときを見計らって、

「私たちってなんで別れちゃったのかな？」と彼の意見も聞いてみるといいですよ。

そのとき、「きちんと話し合っておけばよかったたってずっと思ってたんだよ」などと、さりげなくこちらの好意を伝えておくことも忘れずに。

突然連絡がこなくなったケースでも復縁はできます

「付き合っていた彼からの連絡が突然なくなってしまい、当時はパニックでしかたありませんでしたが、時間がたつにつれ落ち着きました。けれども、まだ彼が好きなんです。連絡先もわからなくなってしまったんですが、なんとかなりませんか？」

なんていう相談があります。

このように、現在相手の連絡先がわからない、居場所もわからないというあなたは、先ほど139ページで紹介した、「偶然を引き寄せるためのワーク」をはじめ、他に紹介するワークを行なってみてください。

何十回でも何百回でもワークを実行してください。少し効果が出るまでに時間はかかるかもしれませんが、根気よく続けていれば彼と再会することができるでしょう。

また、なぜ彼は突然連絡をしなくなったのか、原因を考えてみてください。

もしも、自分自身に原因があるかも……と思うのであれば、第2章と第3章を読み返し、彼との再会までに改善しておきましょう。

連絡が取れるなら復縁の展開は早い

以前は交際していたけれど、今は別れて友達になっている相手と復縁したいあなたの場合は、まずあなたたちが以前別れた原因を探るところから始めてください。

そして、原因が判明し状況が改善できたとしたら、彼を二人きりのデートに誘ってみてください。

これまで友達として接してきていたと思いますが、デートのときは女性らしさを忘れずにしてくださいね。

もしも彼から、

「どうしたの？　急に」

なんて言われたら、

「ううん、○○くんと出かけたいと思ったから」

などと素直な気持ちを会話に織り交ぜるようにしてください。

以前お付き合いをしていた関係なだけあって、おそらく展開も早いでしょう。

「彼から連絡してもらうためのワーク」を同時に何度も行ないながら進めていくと、より効果を感じられるはずです。

一夜限りの相手から本命の彼女に昇格する

「一度身体の関係になってしまった相手は、もうあきらめなければいけませんか？」

こんなふうに、一夜限りの関係や、セックスフレンドの関係だった相手に対して好意を抱き始め、真剣に彼と付き合いたいと相談される人は、実はとても多くなってきています。

これまで、さまざまな恋愛本などのマニュアルのなかでは、簡単に身体を許すことはタブーとされてきました。

また、身体の関係から本命の相手へと繰り上がるには、身体の関係を断ち切らなければいけないという暗黙の了解があったように思います。

しかし、私がこの本で紹介する方法は、これまでのそういったマニュアルの常識をくつがえしてしまうような方法です。

この方法を最初に聞いた人は皆驚きます。

「本当ですか？」と聞かれなかったことがありません。

では、いったい何をしたらいいのでしょうか？

それは、身体の関係しかない状態で本命になりたいのであれば、気にしないでそのまま身体の関係を続ければいいということです。

一度限りの肉体関係であれば難しい場合もありますが、三回以上の交わりがあれば状況が好転する可能性はかなり高くなります。

これまでは、身体の関係をやめなければ本命になどなれないといった内容の本であふれていました。でもそんな必要はありません。

身体の関係は、やめないほうがむしろ効果があります。

ただし彼とのセックスを楽しんでいるあいだ、あなたはあることをかならずやらなければなりません。身体の関係を続けつつ、あるワークを彼に対して行なうのです。

そのワークを行なうことで、彼はどんどんあなたから離れられなくなります。

最初は遊びの、もしくは浮気の相手として扱われていたとしても、本命へと逆転できるチャンスがやってきます。

そのワークとは、少し先になりますが第5章の最後にある「愛を深めるためのワーク」の一部を変えたものです。

「愛を深めるためのワーク」の最後には、「私のことがますます好きになる」とか「私を最高の相手と確信する」と心のなかで唱えてくださいとあります。

その唱える文章を「私から離れたくなくなる」というようにアレンジするだけでいいのです。

このときに気をつけなければならないのは、セックスの最中にこれを行なわなければ、効果を発揮しないということです。

これだけのことを守ってくれれば、「本命の彼女に昇格したい」と思っているあなたや、セックスフレンドになってしまっているあなたに対して効果を発揮してくれます。

あまり大きな声では言えませんが、たとえ彼に現在本命の彼女がいたとしても、「やっぱり俺にはお前しかいない」

などと言って、こちらが何もしなくても、彼が自ら彼女と別れてきてしまったといった方もご相談者のなかには結構います。

セックスの最中なので大変かもしれませんが、このワークをやらずに身体の関係を続けていても、あなたの状況はいっこうに変わりません。

がんばってこのワークを続けてくださった方は、面白いほどの相手の変化を興奮して報告してくれました。

彼の正式な彼女になったら、どういうことをして彼と過ごしたいかなど、ワクワクするような想像をしながら、行なってくださいね。

また、このワークを使わずにすでに身体の関係のある相手を振り向かせたいのであれば、今すぐに身体の関係をきっぱりやめると、まずはあなたが決意しましょう。

「彼から告白をされるまでは、絶対に身体の関係にならない」

と、自分に約束しましょう。もちろん他のワークは秘密裏に実行し続けてください。

そして、彼とデートをしたときにいい雰囲気になったとしても絶対に理性を捨てないこと、そして誘われても「ＮＯ」と言う勇気を持つことです。

「彼から嫌われてしまうのではないか」と思い、彼の言うことに素直にしたがっているだけでは、二人の関係性は変わりません。

自分の意志をしっかり持っているということをきちんと彼にわからせなければいけないのです。こんな状況のときこそワークがあなたをサポートします。

あなたが彼の誘いを断ることで、彼に「今までとはちがうあなた」を見せられます。

これは、彼からの告白があるまではかならず守りぬいてください。

「今までは大丈夫だったのに、急にどうしたんだよ」

と、彼から言われてしまったら、

「私はあなたが好きだから、やっぱり中途半端な関係でいるのはいやなの」

と、ちょっとしおらしく、でもきっぱりと伝えましょう。

男性は、時間やお金をかけた相手に執着する傾向があります。

自分が投資をすればするほど、得られたものを大切にしようとする傾向があるということです。あなたも、彼から大切に扱ってもらえるパートナーになりましょう。

一夜限りの相手の善し悪《あ》し？

前項目でお話をした一夜限りの相手を虜《とりこ》にしてしまうワークには、とても効果がありま す。ただし、

「これさえあればどうにかなるわ」

と相手をよく見極めずにすぐに身体を許してしまうのはあまりオススメできません。できれば、デートを重ね、相手をよく知ってから付き合ってください。

しかし、人間には心があり、ときにはとても感情が高ぶるような思いをすることもあります。

素直にその感情にしたがえる人は、とても純粋で素敵だなとも私は思います。

一夜限りの相手は悪いことではありません。

しかし、あなたがあまりにも簡単に男性に身体を許してしまうと、男性からセックスフレンドだと思われてしまいます。

恋愛は本能で行なう部分が大部分を占めています。

セックスも本能が重要視される行為のひとつと言ってもいいでしょう。

男性は本能に逆らうのが少し苦手な生き物ですから、魅力的な女性を前にすると、手に入れたいという衝動にかられることもあります。

さらにやっかいなことに、男性は簡単に手に入れたもの（人）をあまり大切にはできません。「簡単に手に入ったのだから、自分が望んだときには、またすぐに手に入るだろう」と思うのです。

そのため、あなたには彼の期待を裏切る（簡単には手に入れることができないと思わせる）必要があるのです。

さて、155ページの「きっかけをつくるためのワーク」は、どの状況にもオールマイティに使えます。彼を振ってしまったあなたが、彼をデートに誘うときなどに最も効果をみせてくれます。

彼の脳に直接訴えかけることで、彼もあなたに対する誤解や恐怖心をほぐしてくれることでしょう。何度もこのワークを実行することをオススメします。

もちろん、このワークはあなたの行為によって傷ついた彼を上手にデートに誘ったり、連絡を取ったりすることを可能にするものですが、実際に彼に会う機会を得られたら、彼を傷つけたことに対し、ていねいにあやまることも忘れずに。

きっかけをつくるためのワーク

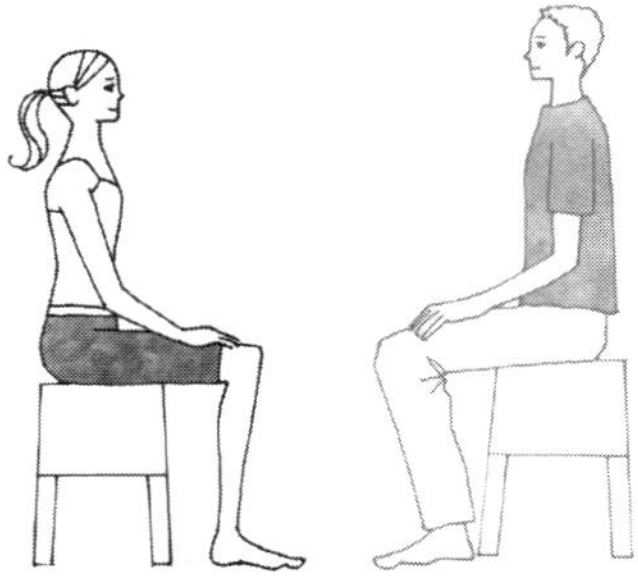

①

あなたの目の前に彼が
座っているとイメージします

②

イメージした彼の脳に
向けて、白色の光線を
送りましょう

③

②を行ないながら
「私に会いたくなる」
とか 「私と一緒に
すごしたくて仕方がない」
などと唱えましょう
（文章は一つに統一）

④

③までのワークを終えた後、
なるべく時間を空けずに
あなたから連絡を入れてみましょう

目を開けたままでも閉じたままでも OK

次ページのワークは、なかなか彼との連絡が取れないでいるあなたのための「彼から連絡してもらうためのワーク」です。

「彼にメールを送ったのに、なかなか返事が返ってこない」とか、

「メールが返ってこないけれど、もう一度メールを送ってしまうとしつこくしているようで、気が引けてしまう」

などと感じている方にとてもオススメです。

このワークを行なう際に注意することは、③で唱える文章は簡潔な言い切り型のもので、ネガティブな言葉は入れないことと、決めた文章は変えないこと。光線の色をくすんだ赤にしないことです。赤といっても、いろいろな「赤」がありますね。

このワークで使う「赤」はローズレッドで、真っ赤なバラの色のことです。くすんだ赤を想像してしまうと、ワークの効果が得られない場合があります。お花屋さんで赤いバラを購入したり、写真などを探してみるなどして、想像できるまでは実物を見ながら行なってもいいですよ。

また、メールを送る際にケータイやメールがローズレッドの光で包まれているのを想像

彼から連絡してもらうためのワーク

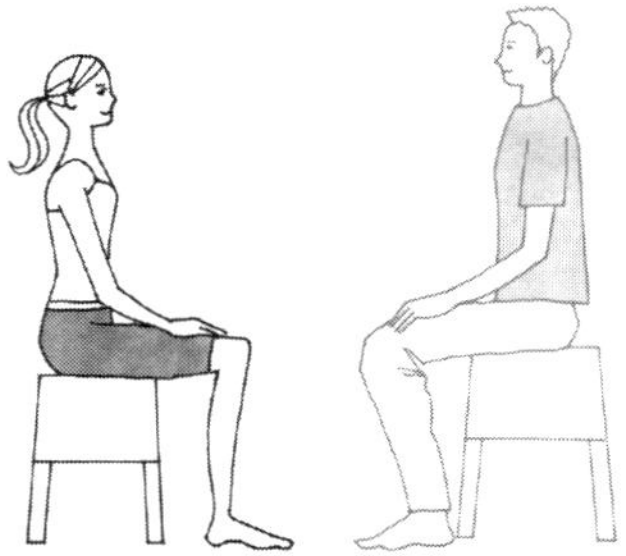

①

あなたの目の前に
彼が座っているとイメージします

②

イメージした彼の目のなかと、
みぞおちのすぐ下（第三チャクラ）
あたりの二カ所にローズレッドの
光線を送ってください

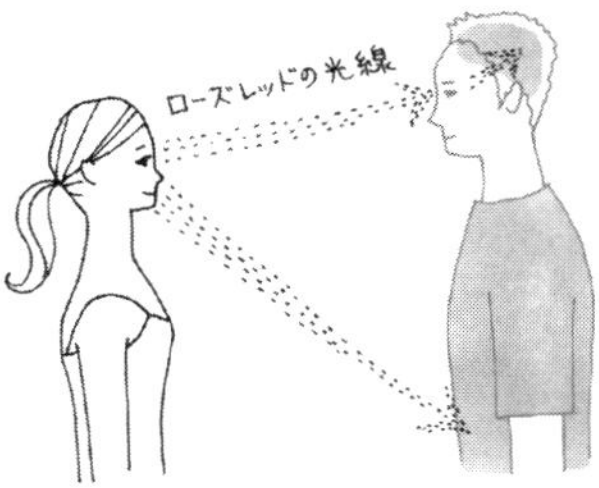

③

②を行ないながら、
「私のことが好きだと強く感じる」とか
「私と連絡をとりたくてたまらない」
などと唱えてください
（文章はひとつに統一）

目を開けたままでも閉じたままでもOK

しながら送信すると返信が早くなるというのが、私の相談結果からも出ています。

ワークとあわせて行なうことで相乗効果を生んでくれるでしょう。

ワークが難しいと感じてしまったら、最初はこちらの方法で試してみて、徐々にワークを行なうコツをつかんでいくようにしてもいいかもしれませんね。

ちなみに、もしバラを買ってこのワークを行なおうとしている人がいたら、購入するのは生花にしてください。造花ではいけません。

ワークの効果を感じられないときは？

先ほど紹介したワークは、不可能を可能にする、いわば無理やり奇跡を起こすための「特別」な方法です。

実際に、私のもとへ相談に来られて、誰が聞いても無理そうな状況をワークの力で見事に好転させ、幸せをつかんでいる方はたくさんいます。

やればかならず何かしらの効果があると考えていますが、なかにはいくらワークをやっても状況が変わらないという方もいます。

そもそも私がお伝えするワークは、現状を変える力はあるものの、今日、明日に現状が変わるような即効性のあるものではありません。

また、期間や日数が決められているものでもありません。

結果があらわれてくるまでやり続けるのが基本です。

ワークを継続する期間は、もちろん個人差がありますが、3カ月から半年以上たつと現実的な動きが出始めます。

瞑想経験が長い方や、イメージングがスムーズにできる方であれば、1週間くらいすると現実に動き始める方もいますが、そういう方はかなり稀《まれ》です。

ほとんどの方が、長い期間ワークをやり続けています。

効果が出ないと悩まれている方は、原因を考える前にまず一定期間以上ワークをやり続けられたのかを考えてみてください。


一定期間ワークをやっても効果があらわれない、ワークが効かない場合はワークのやり方に原因があるかもしれません。現実的な変化がないとおっしゃる方たちの話を聞いていると、ある共通点があることがわかりました。ワークをやっても効果を感じられない場合は、おそらくこれから紹介していく7つの項目のどれかに当てはまっていると思われます。

1　そもそも恋人関係になっていない・片思いの場合

自分では恋人だったつもりでも、相手があなたのことを恋人だと思っていない場合は、ワークをやってもなかなか効果があらわれないことがあります。

あなたは復縁したいと思っていても、そもそも関係がないと認識されていたら、同じワークをやるにしても、方法を変えなければなりません。彼とあなたの関係性によって、適切なワークは異なります。

あなたは、彼とどんな関係だったのでしょうか？　一夜だけの関係ではないですか？　あとは、話もあまりしたことがない、ただ食事を何回かしただけの片思いということはありませんか？　関係次第では、そもそもワークを行なうより先に告白が必要かもしれません。

2　相手の心に決定的なトラウマを与えた場合

彼と別れたときに彼に対してひどい暴言をぶつけて別れてしまう方がときどきいらっしゃいます。振られた腹いせをするかのように、別れた後に何度も嫌がらせをしたり、ひどい場合は、彼の職場に嫌がらせの電話、ネット掲示板に彼の悪口を書いてしまったり、心配させようとしたりして、彼を振り回してしまう方も……。

そういった別れをした場合、たいてい彼のほうはあなたに対して大変な恐怖心がありま す。あなたのしたことがきっかけで、心に傷を負い、トラウマを抱えているのです。

心を固く閉ざしてしまった相手をワークで動かすのは、かなり難しく時間がかかります。少なくとも毎日一定時間、集中してしっかりとワークをやりきらなければ、いくらワークの力を借りても無理です。

そして、ワークを行なっているあいだは、一方的にあなたの気持ちをぶつけるのではなく、彼の凍りついた心を溶かしてあげるように、彼をあたたかな愛情で包み込んであげるようなイメージを持ち続けてください。非常に難しいケースのひとつですよね。

ただし、実際にこのような状況下でも現状を変えた方はいらっしゃるので、絶望的な状況でもワークで好転させることは可能です。しかし、ワークで現状を変えようとする前に、あなたは自分のしたことをしっかり反省しましょう。

自分が傷ついたからといって、相手を傷つけていいはずはありません。そのクセを治せなければ、おそらく復縁してもまた同じ失敗を繰り返すことになります。

3　ワークを信用できていない場合

ワークの力を完全に信用できないうちは、効果が出ないこともわかっています。このワークは、即効性があまり期待できないせいか、ワークを行なっているうちに疑心暗鬼になってしまう方がいます。ワークを成功させる秘訣はたったひとつ。復縁したい自分の気持ちを強く持ち、ワークの力を信用しきることです。

ワークをやりながらも、「本当にこんなことで復縁できるのかな」とか「本当にこの相手でいいのかな」などとあなた自身が不安定になっていては、効くものも効きません。この本の第1章で、私は復縁には覚悟が必要であることをお伝えしました。あなたは復縁がしたくても、うまくいかない、あるいは何の手立てもないと思うからワークを使って復縁をしようとしているのですよね？

だったら、もう一度気を引き締め直して、ワークをまっとうするしか方法はありません。途中でやめることはいつでもできますし、復縁するかどうかはあなたが決めていいんです。

でも、まずは連絡が気軽に取れるような間柄にならなくては話になりません。心配になる気持ちもわかりますが、今はそういったことは考えず、ワークに没頭しましょう。

4　ワーク中に眠ってしまう場合

ワークがうまくいかないという方の話を聞いていると、なかには途中で眠ってしまう方もいるようです。ワークは、ほぼ瞑想状態で行なうものですから、眠くなりやすい状態です。瞑想をやり慣れていない方だと、最初のころは眠気に勝てないかもしれませんし、それはしかたのないことかもしれません。

ですが、いつまでも眠ってばかりいてはいけません。あなたにとってワークは、あくまでも復縁を成就させるためのもの。あなたが気持ちよく眠るためのものではありませんね。せっかく時間を使ってワークをするなら、しっかりと意識を保って最後までやりきってください。ワークは目をつぶっても目を開きながらでもかまいません。

5　感情的になりすぎて集中できていない場合

ワークを行なっていると、不思議なものであなた自身にも変化が起こる場合があります。たとえば、彼に対して怒りがこみ上げてきたり、ものすごく悲しくなって涙があふれてきたりします。ワーク中にあなたの身に起こるこれらの変化は、あなたにとってどれも必要な変化ですのでご心配なく。あなたが自分で気づかないうちにしまい込んでいた感情が外に出ただけのことです。

でも、感情的になりすぎると、ワークは中断してしまいますよね。ワークは集中力が必要ですから、あまりに感情に振り回されているとワークをやったことになりません。感情を出し切ったあとは、できるだけ淡々とワークに集中してください。

また、なかにはこの感情の変化によって、自分の本当の気持ちに気づき、復縁を取りやめる方もいます。ワークは、あなたが本当に望んでいることを引き寄せます。

ですから、本当は彼を好きじゃないのにくやしいだけで、復縁したら、彼に復讐《ふくしゅう》してやるという気持ちでワークをしている方だと、ワークをしているうちにばかばかしくなってきたりするのだそうです。

6　ワーク中、唱えるフレーズが毎回違う場合

ワークの説明にも書きましたが、ワークを行なうときはかならず短いフレーズを唱えていただきます。できれば命令調で簡潔な文章を考えてもらいたいのですが、この文章が毎回違うと、効果は半減します。「彼から連絡が来るように」と言ってみたり「彼が私を好きになるように」と言ってみたり、コロコロ変わってしまうと、いったい何を変えればよ

いのかが明確になりません。

同じような内容の文章を唱えるのではなく、まったく同じ文章を一字一句間違いなく毎日唱え続けてください。ワークを使いこなしている方は、かならず紙に書いて完全に覚えているそうですよ。

7　ワークをしていることが他人にバレてしまった場合

繰り返しになりますが、ワークはかならず秘密裏に行なってください。

友人はおろか家族にも知られてはいけません。

ワークを行なっているあいだ、あなたは孤独な状態が続くと思います。

まわりからは別れて気持ちを切り替えたと思われているのに、本当はまだあきらめていないとなると、あなたの気持ちを知る人は誰もいないわけですよね。

理解者がほとんどいないなかで、ワークを遂行するのは想像以上に大変です。

孤独でつらいからこそ、誰かにわかってもらおうとついワークのことを話してしまうのでしょうが、他人に知られてしまった時点でワークは無効です。

ワークが無効になるなら、改めてワークをやり直せばいいのでは？　と思われるかもしれません。

ですが、人の気持ちはそう簡単ではないのです。

あなたがワークのことを打ち明けた相手が、あなたの本心を知って心から応援してくれる場合はまだいいかもしれませんが、少しでも興味を持たれたり、邪魔する気持ちを持たれたりすると、もはやどんなワークを使っても無意味です。

実際にこういうことは何人もの方の身に起きていますから、くれぐれも他人に話さないようにしてください。

それから私の電話鑑定を受けていただいたのでしたら、そのときに作成したオーダーメイド願望成就の音声データも必要なくなったからといって、他の人に聞かせたり、譲渡しないですみやかに破棄してください。呪術《じゅじゅつ》のひとつになるので、今後のあなたの運命を乱す原因になるおそれがあります。

第5章

愛を一生のものにするために

別れたワケを忘れなければつらいことも乗り越えられる

復縁ができたら、その愛を一生ものにしましょう。あなたは、これまでたくさんのつらい思いを乗り越えてきました。復縁を成功させることができたあなたは、以前のあなたよりもずっと魅力的な女性に生まれ変わっていることでしょう。

これからは、つかんだ愛をもう二度と離さないようにしましょうね。

彼と別れてからのあなたには、復縁を成功させた現在までさまざまな苦労があり、葛藤があったかと思います。

「もうやめてしまおうか」

などと弱気に考えてしまったこともあったでしょう。

そのときに抱いた感情は、これからも忘れずに持ち続けていてほしいと思います。あなたがこれまで努力してきたことは、これから出会うかもしれない新しい困難を乗り越えるための手助けになるかもしれません。


また、一度は別れてしまった原因についても、忘れずにいたほうがいいでしょう。

二人の付き合いが慣れてきたときこそ要注意なときです。

復縁をしたばかりのころは、お互いのことを思いやる気持ちを常に持っています。

また同じことを起こさないように、お互いに気をつけている状態です。


しかし、時間がたってくると次第にその気持ちも少なくなってきてしまいます。

別れてしまった原因は、あなたがやってしまいがちなミスなのです。

同じミスを繰り返さないためにも、たまには昔を振り返ってみてもいいかもしれませんね。

昔を振り返るときは、できたら彼もいっしょになって行なうといいかもしれません。

二人でいっしょに「前はこんな失敗をしたよね」なんて話し合えるような仲になれれば、これから待ち受ける困難にも、手を取り合って乗り越えていけるはずですよ。

まわりから仲がいいとウワサされるようなカップルや夫婦でも、常に順風満帆なわけではありません。

もともと他人同士なのですから、相手のことがわからなくて当たり前です。

トラブルが起こってしまったら、何度もお互いが納得するまで話し合い、お互いの妥協点を探っていくこと。これこそ、カップルが長続きするポイントなのです。

それから、万が一トラブルがあって、一時的にぎくしゃくした関係になってしまっても、その気持ちをいつまでも持ち越さないでいてほしいですね。

一度仲直りをしたら、それまでのムシャクシャした気持ちをいっさい手放してしまいましょう。

何度もくじけそうになりながらでも、困難という山を乗り越えれば乗り越えるほど、あなたと彼の絆は強いものになっていきますよ。

ワークを駆使し、めでたく彼と復縁できたあなたに改めて自覚していただきたいことは、ワークを使って復縁できたからといって、あなたたち二人の幸せを保証したわけではないということです。

ワークは、別れて失意のどん底にいるマイナス状態をゼロに戻しただけにすぎません。つまり、関係は元に戻っても、別れた原因や抱えている問題までが解決できたわけではないのです。

復縁しても、あなたが彼に対してイライラしていたことは変わりません。

たとえば浮気性な部分はそのままですし、モラハラ気質も変わりません。

経済観念に乏しいのは相変わらずですし、依存体質などもそのままです。

連絡をマメにくれないところも、変わっていません。ようは、相手は別れる前のままなのです。

あなたは復縁前と比べていろいろと変わった部分があるかもしれませんが、相手もそうとは限りません。

別れる前となんら変わっていない相手は、相手が自身で欠点を自覚して変えようとしない限り、復縁した後もずっと欠点は欠点のままです。

それをよく理解しておいてくださいね。

それでも、彼のことが好き、一緒に居続けたいと思うなら、ワークは継続しながら、同時に相手にほどよく合わせながらがんばるしかありません。復縁は、復縁したからゴールではなく、本当は復縁してからが正念場なのです。

それでも大きな愛で、前向きにがんばりたいというあなたなら、私も喜んで応援しています。

息抜きできると、やさしい気持ちになれる

他人と長い時間いっしょに過ごすということは、決して楽しいことばかりではありません。ときにはケンカもするでしょうし、相手の存在が心からいやになってしまうときもあります。もしかしたら、いやになることのほうが多いかもしれません。

ですから、そんな気分になったときにあなたを癒してくれる何か、あなたが夢中になって取り組める何かを見つけておいてほしいのです。

あなたがワクワクできるようなことを挙げてみましょう。

いくつ挙げられましたか？

友達とランチや、女子会もいいのですが、いつもあなたの都合に合わせてもらえるわけ

ではありません。

他人がからむものは、それだけでストレスに変わってしまう可能性もあるので、できれば自分ひとりで完結できるようなものがいいですよ。

家の近くのジムへ通うこともいいですし、近所のカルチャーセンターへ通ってみるのも何か新しい発見があるかもしれません。

ワークに興味を持ったあなたには、瞑想やアロマの勉強もいいかもしれません。神仏に関心があれば、あなたと相性のよい神様を見つけて、定期的にひとりで参拝に行く習慣を生活のサイクルにとり入れても素敵ですね。

復縁した責任を考えて彼のベストパートナーに

今回の復縁法では、ワークをあわせて紹介してきました。

このワークを行なうことによって、不可能かと思われる復縁も可能になります。

大げさではなく、「かなりむりやりに縁をつないでいる」のです。

ですから、ちょっとしたことですぐに「別れる」などとあきらめないでほしいと願うのです。

人の気持ちを振り回しても、いい結果は得られません。

せっかくつかんだチャンスなのですから、彼を大切にしましょう。

言ってみれば、彼に対しての責任も少なからず生じているわけです。

また、まわりの人は関係ないと思うかもしれませんが、心配をしてくれたまわりの友達のことも、少しでもいいので、考えてみましょう。

初心を忘れてはいけません。

彼と別れて毎日涙を流していたときのこと、彼との復縁を成功するためにこの本を読み、必死で努力をしてきたこと、それらのことは、簡単に忘れてしまっていいものではありません。

彼が手に入ってしまえば、あなたはきっと安心するでしょうが、その安心は慢心を招くかもしれません。

あなたはあくまでも自然体で彼に接するべきですが、彼を適当にあしらったり、彼が悲しむようなことをするべきではありませんよね。

これから先もずっと、あなたが彼のベストパートナーでいられるよう、私も応援しています。

でも、やっぱり復縁してみて、いろいろがんばったけれども相手に嫌気が差したとか、努力するのも、ワークを続けるのもつかれたと感じるのなら、別れてもいいでしょう。

努力を重ね、目標を達成したあなたは、以前にも増して光輝き、オーラも強くなっているはず。相手に感謝を述べて、前へ進みましょう。

ただし、ワークで復縁した相手と再び復縁したい場合、ワークは前回ほど効果が出ないことが多いようです。

彼との時間を思いっきり楽しめば彼は裏切らない

最後にご紹介する左ページの「愛を深めるためのワーク」を実際に行なうころには、あなたは彼と復縁を成功させ、幸せな毎日を過ごしていることでしょう。

復縁をしたあなたたちは、これからさまざまな困難に二人で立ち向かっていかなければなりません。

二人の関係をより強固なものにするためにも、毎回でなくてもかまいませんからこのワークを行なってください。

第4章でも少し触れましたが、お互いの身体が触れている最中に行なうワークは絶大な効果を発揮します。

愛を深めるためのワーク

① 彼とのセックスを楽しむ

② 自分の頭頂から彼の頭のなか（頭頂）に自分の「気」を入れる

（意識的に相手の目をじっと見ず、そらしながらのほうがうまくいく。見てもOKだが強く見すぎないこと。相手にブロックされます）

③

彼の頭頂から入ったあなたの「気」は、彼の身体のなかを通り、彼の足の裏からあなたの足の裏へと入り、体内に戻っていく

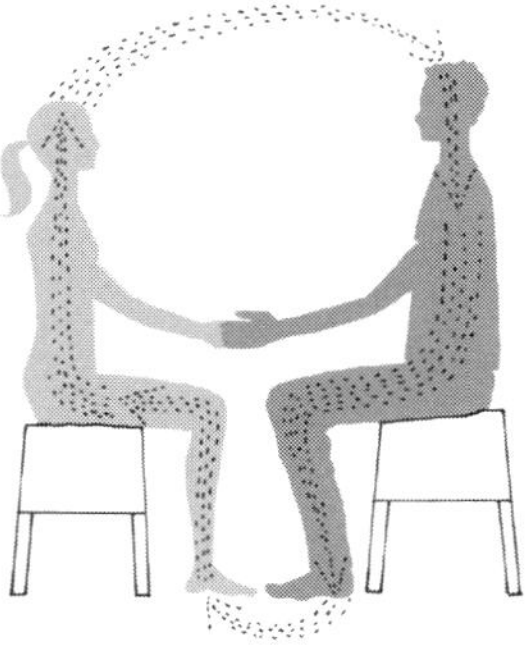

④

②と③を繰り返し、あなたの「気」が彼とあなたの身体のなかをグルグルと循環しているようなイメージを続ける

⑤

④のイメージをしながら「私のことがますます好きになる」とか「私を最高の相手と確信する」などの簡潔な言い切り型の文を心のなかで唱える（文章は一つに統一）

このワークを行なった方からは、

「いつもよりも、彼がやさしくなった気がする」とか、

「いつもよりもベタベタしてきて、愛してると言ってくれるようになった」

などと、彼をメロメロにさせてしまう効果もあるようです。

付き合いの期間が長くなればなるほど、ラブラブな時間が減ってしまうという声をよく聞きますね。でも、あなたにはこのワークがあります。

いつまでたってもラブラブで、周囲もうらやむようなカップルになってくださいね。

彼と別れてからこれまで、あなたは大変つらく悲しい思いを乗り越えてここまできました。

実際に復縁を成功させるまでは、自分の思うように進展しない状況や、彼に対して何度ももどかしさを感じたことでしょう。

しかし、あなたはそこであきらめてしまうことなく、彼に対する愛をつらぬくことができたのです。

それはとても素晴らしいことだと思いませんか？

今回経験したことは、今後ぶつかるであろう困難に立ち向かうためのエネルギーに変わってくれるかもしれません。

これからも、あなたの彼に対する愛が変わらず、二人の絆がどんどん深まっていくことを心から願っています。

本書を読み終えたあなたは今、大好きなあの彼との復縁に一歩近づいた状態です。

でもそれは、スタートラインに立てただけで、本当の復縁はこれから始まっていきます。

本書のとおりに「ワーク」を行なって彼とのきっかけをつかみ、徐々に二人の距離を縮め、復縁するまでの過程では、苦しくなったり、あきらめたくなったりするでしょう。それでも、ここまでしっかり読まれたのなら、きっと乗り越えられるはずと期待しています。

本文のなかで、復縁の相手は運命で結ばれた相手ではないと書きました。これを読まれて、驚かれた方もいらっしゃるでしょうし、私自身も正直これを書くべきかどうか迷いました。でもこのことは、私がこれまで行なってきた数多くの鑑定から得たひとつの答えであり、真実です。運命の相手だと思いたくなる乙女心はよくわかります。

しかし、本当はちがうかもしれないのに運命の相手だと思い込んでいるだけでは、大好きな彼とのあいだに起こるつらい出来事を乗り越えていくことができませんし、もしかしたら別に用意されている幸せに気づくことすらできないかもしれません。

私は日ごろから、相談者が自分自身で決めた道で幸せになることが大切だと思っています。ですから、電話鑑定のなかでも、現状では無理だと思うことは無理だと正直に伝えます。それであきらめるのも、あきらめないのも、その方の自由です。

あなたの幸せはあなたにしか決めることができません。

ですから、相談者がかなり厳しい状態でも、実は私は「あきらめなさい」と言うことがあまりありません。無理だと言われてもどうしてもあきらめられない方には、困難な状況をくつがえすための方法をお教えしています。

でも、そのくつがえす方法をお教えする前に、どのくらい本気でくつがえしたいのかを知りたいのです。

なぜなら、強く決意できたほうが願いは成就するということを私は知っているからです。

それに、いいことばかり言われていたのに、実際やってみたら苦しいことばかりだと、悲しみや苦しみはかえって大きくなります。きちんと復縁できるまでは、我慢しなくてはならないことも多いのですから、事実を知っていたほうが多少でも気持ちはラクなはず。

復縁までの道のりは決してラクではありませんが、すでにこの本と同じ方法で復縁を成功された方は数えきれません。

ですから、覚悟を決めたあなたなら、きっとできるはずです。

あなたの真剣なその思いは、あなたが願う方向にシフトしていくはずです。

復縁を行なう過程で、もしかしたら彼への気持ちが冷めてしまったり、他に魅力的な方があらわれたりするかもしれません。あるいは、復縁できたのに、急にあなたのほうが冷めてしまうかもしれません。

復縁を通して自分や彼と向き合うことで、このような気持ちの変化はよく起こります。でもそれは、決して悪いことではありません。

あなたがいちばん幸せだと思う、後悔のない道を選んでください。私はいつもあなたを応援しています。

今はどうすべきか答えが出ないと思うのなら、急いで結論を出さなくても大丈夫です。彼の気持ち、本心をどうしても知りたい、それを知ったうえで復縁するかどうかを考えたいと思われるなら、これから紹介する「相手の本音を見極めるワーク」をやってみてはどうでしょう。

「相手の本音を見極めるワーク」

① イスに座り、2〜3回深呼吸をして、背すじをのばし、目の前で同じように座っている彼の姿をイメージしましょう。

② 自分の胸の中心から、イメージした彼の胸の中心をめがけて、パステルピンク色の光線を放ちます。

③ このときに「私のことが好き」あるいは「私と会いたくてたまらない」などと短文を心のなかでしっかりと唱えましょう。短文は自分で決めたものでもかまいません。自分のなかでしっくりくる短文を唱えるのがオススメです。

このワークの効果は、かなり短い期間で、顕著にあらわれます。「うまく光線が飛ばせたかも」と感じるようなら、彼はあなたのことを少なくとも嫌いだとは思っていませんし、このワークを行なうことで急に話しかけてきたり、やさしくなったりします。

逆に、「なかなかワークがうまくいかない」とか「パステルピンクをイメージしているはずなのに、目の前が真っ暗になってしまう」「光線が弾かれているように感じる」などという場合は、残念ながら今の彼は、あなたと少し距離をおきたいと思っているか、あなたのことを苦手だと感じているでしょう。

ワークの結果は現実にもきちんと反映されるので、冷たくなったり、よそよそしくなったりするようです。

結果を知るのが怖くて、このワークができないあなたは、もう復縁に対する答えは出ているのではないでしょうか。ワークはこういった意味でも、かなりあなたの役に立つはずです。興味のある方はぜひうまく使っていただき、あなたの思う幸せを手に入れてください。

この本でご紹介したワークは、基本的なものばかりです。ご興味のある方やもっと奥義を知りたいという方は、私の「電話鑑定Hiroko's Fortunetelling（http://www.hiroko.tokyo）」をごらんになり、ご連絡ください（電話鑑定やオーダーメイド願望成就などに関しては有料になります）。

改めて、この本を最後まで読んでくださりありがとうございます。こうしてあなたの大切な彼との復縁をお手伝いできることを、とてもうれしく思います。あなたが本当の幸せを手に入れるまで、私はいつも応援しています。

最後になりましたが、本書を出版するにあたり、大変多くの方にご協力いただきました。「復縁で悩んでいる女性を元気にしたい」「復縁して幸せになってもらいたい」という皆様の強く、熱い思いがあったからこそ完成させることができました。本書に携わってくださったすべての方へ感謝申し上げます。

Hiroko

Hiroko（ヒロコ）

チャネラー。願望成就師®。

早稲田大学政治経済学部経済学科卒。大手企業の役員秘書を経て、幼少時からの才能を磨き、電話鑑定（Hiroko's Fortunetelling）と相談者の願望成就の指導を行なう。その鑑定依頼は優に1万件を超える。

鑑定方法は、相談者の声の波動にチャンネルを合わせてメッセージを伝えるという占術で、相談内容は、恋愛問題、人間関係、ビジネス、金運、不動産、運命向上など多種多様の問題を受けている。相談者の過去・現在・未来にアクセスするだけでなく、その方を通して相談者に関する方（恋人・友人・家族）を同様の占術で読みとる。

解決に向けたアドバイスは、口コミ等で大きな話題となっている。

相談者は、OL、主婦、医師、弁護士、政治家、会社経営者、スポーツ選手、マスコミ関係、飲食関係、風俗嬢、同業者である占い師など幅広い分野から受けている。

［著者ホームページ］ http://www.hiroko.tokyo
http://hiroko.mobi

本書は2012年10月23日に小社より発売された
『復縁の女神が教えるもう一度あの彼を手に入れる方法』
を改題し、一部を修正・加筆したものです。

恋愛の常識をくつがえす
最強の復縁法

2018年6月14日　第1版第1刷発行

著　者　Hiroko

発行者　玉越直人

発行所　WAVE出版
〒102-0074 東京都千代田区九段南3-9-12
TEL 03-3261-3713　FAX 03-3261-3823
振替 00100-7-366376
E-mail : info@wave-publishers.co.jp
http://www.wave-publishers.co.jp

印刷・製本　モリモト印刷株式会社

NDC914 190p 18cm　ISBN978-4-86621-151-0